W0328080

Kohlhammer

Der Autor

Johannes Jung war zunächst als Lehrer in Grund- und Hauptschulen tätig, bevor er 1996 als Dozent an die Universität Würzburg wechselte. Nach Lehrstuhlvertretungen an der Friedrich-Alexander-Universität Erlangen-Nürnberg und der Universität Regensburg schloss er 2010 seine Habilitation über den Heimatkundeunterricht in der DDR ab. Seit 2017 ist er als apl. Professor an der Julius-Maximilians-Universität Würzburg tätig. Seine Lehr- und Forschungsschwerpunkte liegen neben der historisch-systematischen Grundschulforschung vor allem im Sachunterricht, beispielsweise im Philosophieren mit Kindern, aber auch in der gesellschaftlich-politischen Erziehung. Dabei steht für ihn immer die Frage des Praxisbezugs und der Praxistauglichkeit im Mittelpunkt.

Johannes Jung

Die Grundschule neu bestimmen

Eine praktische Theorie

Verlag W. Kohlhammer

1. Auflage 2021

Gesamtherstellung: W. Kohlhammer GmbH, Stuttgart

Print:
ISBN 978-3-17-037194-1

E-Book-Formate:
pdf: ISBN 978-3-17-037195-8
epub: ISBN 978-3-17-037196-5
mobi: ISBN 978-3-17-037197-2

Vorwort der Herausgeberinnen

Die aktuellen gesellschaftlichen und häufig globalisierungsbedingten Veränderungen beeinflussen Grundschulen auf mannigfaltige Arten. Angesichts dessen thematisiert die neue Reihe »Grundschule heute« – herausgegeben von *Prof. Dr. Sanna Pohlmann-Rother* (Inhaberin des Lehrstuhls für Grundschulpädagogik und -didaktik an der Universität Würzburg) und *Dr. Sarah Désirée Lange* (Akademische Rätin am Lehrstuhl für Grundschulpädagogik und -didaktik der Universität Würzburg) – drängende Zukunftsfragen in ihrer Bedeutung für die Disziplin der Grundschulpädagogik und Grundschuldidaktik. Die gesellschaftlichen und bildungspolitischen Entwicklungen der Gegenwart betreffen Bereiche wie Digitalisierung, Inklusion, Globalisierung, Migration und Flucht und bringen weitreichende neue Herausforderungen für Lehrkräfte, Schulleitungen und für Eltern und ihre Kinder mit sich.

So stellt beispielsweise der mit den gesellschaftlichen Digitalisierungsprozessen verbundene Anspruch, Schülerinnen und Schüler zu einem selbstbestimmten und reflektierten Umgang mit digitalen Medien zu befähigen, alle Beteiligten vor neue Herausforderungen. Auch Mehrsprachigkeit und Fluchtmigration sind Phänomene gesellschaftlicher Entwicklungen, die gegenwärtig in hohem Maße zur Komplexität professionellen Handelns von Lehrkräften beitragen.

Mit der vorliegenden Reihe soll der grundschulpädagogische Diskurs hinsichtlich der gegenwärtigen und zukünftigen Entwicklungen der Gesellschaft weiterentwickelt werden. Dazu werden in jedem Band neben einer forschungs- und theoriebasierten Auseinandersetzung auch jeweils praktisch umsetzbare Ansätze für die Gestaltung von Unterricht und von grundschulbezogenen Bildungsprozessen herausgearbeitet.

In diesem Zusammenhang werden auch die aktuellen Strukturen und Inhalte der Ausbildung von Grundschullehrkräften hinterfragt.

So werden in der Reihe »Grundschule heute« relevante Professionalisierungsfelder identifiziert, mögliche Implikationen für die Rahmenbedingungen der Lehrkräftebildung aufgezeigt und Anforderungen an eine qualitativ hochwertige und zeitgemäße Qualifizierung von Grundschullehrkräften diskutiert.

Zusammenfassend geht es darum, hinsichtlich gegenwärtiger und künftiger Herausforderungen die *institutionellen Bedingungen der Grundschule* mit dem Anspruch an grundlegende Bildung und die Frage nach zeitgemäßen Bildungsinhalten neu in den Blick zu nehmen. Damit verbunden ist die genaue Betrachtung *kindlicher Lebenswelten* und die Berücksichtigung aktueller Aufwachsensbedingungen der Schülerinnen und Schüler. Auf Schul- und Unterrichtsebene stellen sich dabei *pädagogisch-didaktische Fragen*, zu denen auch rahmende Raum-, Zeit- und Organisationsstrukturen gehören. Auf Seiten der *Lehrkräfte* umfasst dies anspruchsvolle und zum Teil spannungsreiche Aufgaben, die sich beispielsweise in einem reflektierten Umgang mit sprachlicher Vielfalt und Mehrsprachigkeit im Zuge von Migration und Flucht manifestieren oder mit der Forderung nach einem inklusiven Schulsystem verbunden sind.

Würzburg, im Dezember 2020
Sanna Pohlmann-Rother und Sarah Désirée Lange

Inhaltsverzeichnis

Vorwort und Überblick

Zentraler Bezugspunkt dieses Bandes ist die deutsche Grundschule. Dabei geht es nicht nur um diese Schulform als Institution, sondern auch um das Selbstverständnis und die Aufgaben des in ihr beschäftigten Lehrpersonals, ebenso um die universitäre Bezugsdisziplin Grundschulpädagogik und Grundschuldidaktik, die sowohl für die Ausbildung des Personals als auch für die wissenschaftliche Beforschung des Handlungsfeldes zuständig ist. Mit Blick auf diese drei Bereiche stellt das Buch den Versuch dar, für die deutsche Grundschule einen umfassenden und konsistenten theoretischen Überbau zu entwerfen, der allerdings auch eine Hilfe für das praktische Handeln im Schul- und Unterrichtsalltag sein sollte.

Als Eröffnungsband der Reihe *Grundschule heute* soll damit zunächst eine tragfähige konzeptionelle Basis für die aktuelle Grundschule entworfen werden. Gerade vor dem Hintergrund neuer und vielfältiger gesellschaftlicher und pädagogischer Herausforderungen können einzelne Fragen und Aufgaben, wie der Umgang mit Migration, Inklusion oder virtuellem Leben und Lernen, in den folgenden Bänden der Reihe natürlich viel differenzierter und spezifischer dargestellt werden. Dieser erste Band bescheidet sich mit einer großen theoretischen Rahmung, innerhalb derer sich die moderne deutsche Grundschule zu positionieren und praktisch zu entfalten vermag.

Dafür muss zunächst, in einem ersten Kapitel, der Frage nachgegangen werden, weshalb dies eigentlich notwendig ist. Zu klären wäre hier vor allem, was eine theoretische Rahmung denn überhaupt leisten kann, gerade für die Praxis, was sie zu umfassen vermag und welche Reichweite sie haben kann. Zudem soll, durch einen anschließenden Überblick über bereits existierende, durchaus respektable, aussichtsreiche und vielseitige Theorieansätze – etwa durch Friederike Heinzel oder Ludwig Duncker – die These untersucht werden, ob die Grundschule bislang wirklich ohne eigenständige

Theorie geblieben ist. Damit verbunden ist natürlich die Frage, ob das Fehlen einer Theorie der Grundschule denn überhaupt als Mangel anzusehen ist. Dies alles darf als Resümee des aktuellen Forschungs- und Erkenntnisstandes und als Momentaufnahme und Zusammenschau wissenschaftlicher Desiderata angesehen werden. In diesem Zusammenhang soll anschließend die Frage geklärt werden, zu welchem Zweck dieser theoretische Rahmen und die theoretische Fundierung der Grundschule denn überhaupt sinnvoll, gar notwendig sein könnten, welcher Zuwachs an Erkenntnis und Handlungskompetenz daraus erwachsen könnte. Ähnlich fundamental ist der Blick in die Entwicklung, den aktuellen Zustand und die Weiterentwicklung der universitären Disziplin Grundschulpädagogik und Grundschuldidaktik. Gerade aus der vergleichenden Analyse bisheriger Ansätze lassen sich möglicherweise neue disziplinäre Entwicklungsperspektiven gewinnen. Ein kurzer Exkurs über die forschungsmethodische Situation der Grundschulpädagogik und -didaktik wird dieses Kapitel abrunden.

Dann, im zweiten Kapitel, gilt es zunächst einmal die Spezifika der Grundschule zu bestimmen – falls es sie überhaupt geben sollte! Dabei müssen die lediglich bildungsadministrativen Zufälligkeiten dieser Schulstufe, also die momentane Festlegung auf die ersten vier bzw. sechs Schuljahre, als eher nachgeordnet angesehen werden. Die Frage ist also zu klären, was die Anfangsphase institutionalisierter Bildung im Innersten ausmacht und zusammenhält. Hierbei lassen sich verschiedene Charakteristika der Grundschule identifizieren, die oft eine ausgesprochen divergente Trennschärfe besitzen. Nach meiner Auffassung lässt sich hier als zentrales Spezifikum die *Grundlegende Bildung* ausmachen, wobei das Attribut *grundlegend* in doppelter Weise irreführend wirken könnte. Irritierend deshalb, weil es doch sowohl Vorläufigkeit wie auch Unfertigkeit nahelegt und zudem die Frage offenlässt, wo sich ganz konkret die Grenze zwischen *grundlegend* und *weiterführend* ziehen lässt.

Das dritte Kapitel widmet sich dementsprechend einer Zentrierung auf die *Grundlegende Bildung* als dem konstitutiven Kern der Grundschule. Neben einer Klärung des fundamentalen Lern- und Bildungsbegriffes und Überlegungen zu Vermittlung und Selbstkonstruktion soll die Idee von *Grundlegender Bildung* weiterentwickelt werden. *Grundlegende Bildung* besteht dabei, nach meiner Vorstellung, aus welterschließenden *Dimensionen*, gleichsam Wegen oder Blickrichtungen in die Welt, und *Modi*, die als Vorgehens- oder Umgangsweisen auf diesen Wegen verstanden werden sollen – eine Kombination aus Richtungen und Bewegungsarten sozusagen. Bei diesem Verständnis von Bildung ist eher an einen ausstrahlenden Kern als an ein festgegossenes Fundament gedacht; der eher zutreffende Terminus *Nukleare* statt *Grundlegende Bildung* dürfte aktuell aber wenig gesellschaftliche und pädagogische Akzeptanz erfahren.

Im vierten Kapitel sollen noch einmal die Ergebnisse resümierend zusammengefasst und in ihren profil- und identitätsstiftenden Möglichkeiten verdeutlicht werden: Wie lassen sich zentrale Aufgaben der Institution, der Profession und der Disziplin erkennen, herleiten und begründen, welche lassen sich zurückweisen? Und wie können die Institution, die Profession und die Disziplin durch eine derartige theoretische Rahmung eine innere Struktur und eine Abgrenzung nach außen gewinnen? In diesem Gliederungspunkt geht es also ganz zentral um handlungs- und entscheidungsleitende Potentiale, die Schule, Lehrkräfte und wissenschaftliche Forschungsansätze bzw. -schwerpunkte mit dem Blick auf die Grundlegende Bildung gewinnen oder unterstützen können.

Im Überblick ist dies also die Zielsetzung, aus welcher der innerste Anspruch dieses Bandes erwächst. Damit sind Hoffnungen verbunden, keine Versprechen.

1

Theorie der Grundschule – ein Desideratum?

In diesem ersten Kapitel sollen vier Punkte geklärt werden: Was ist unter einer *Theorie* oder einer *Theoretischen Rahmung* zu verstehen? Was kann in diesem Rahmen Platz finden? Ist eine solche theoretische Rahmung für die Grundschule nicht bereits vorhanden, nachdem diese Schulstufe ja real durchaus existiert? Und kann diese Theorie überhaupt etwas bewirken, ist sie notwendig?

1.1 Was ist eine Theorie?

Zunächst einmal soll geklärt werden, was mit dem Begriff *Theorie* überhaupt gemeint werden kann. Der Begriff ist ja auch wissenschaftstheoretisch nicht ganz unumstrittenen. Unter einer wissenschaftlichen Theorie ganz generell, soweit dürfte Konsens bestehen, lässt sich ein System von weitgehend widerspruchsfreien Grundannahmen verstehen, das logisch oder empirisch überprüfbar sein muss und Phänomene der Welt beschreiben, erklären und analysieren kann. Im besten Falle und in gewissem, nicht zu engem Rahmen erlaubt sie auch eine Prognose zukünftiger Entwicklungen. In der klassischen griechisch-antiken Philosophie verstand sich eine Theorie eher als eine »reine Betrachtung der Wesensstrukturen der Welt [...] eine geistige, gedankliche Schau, eine besondere Erkenntnisweise, die frei von der sinnlichen Wahrnehmung und praktischen Bezügen« (Ulfig 1997, 420) sein konnte. Spätestens seit dem Marxschen Ideologievorwurf an die traditionelle Philosophie rückte der geschärfte Blick auf die historische und gesellschaftliche Wirklichkeit stärker in den Mittelpunkt, die Ablehnung einer bloßen geistigen Betrachtung dürfte insgesamt akzeptiert sein. Nach Marx und der an ihm orientierten *Kritischen Theorie* der sogenannten *Frankfurter Schule* (v. a. Adorno, Horkheimer, Habermas) ist es notwendiges Ziel jeder sozialwissenschaftlichen Theorie, nicht nur die »Abhängigkeit von der jeweiligen gesellschaftlich-ökonomischen Praxis, von Interessen der jeweils herrschenden Klassen, speziellen Ideologien usw.« (Gondosch et al., 61) aufzuzeigen, sondern auch Veränderungen, Weiterentwicklungen und politische Aktionen zu initiieren. So verstanden, müsste aus einer Theorie der Grundschule fast zwangsläufig ein bildungspolitisches Programm entstehen. Bei Hanna Kipers *Theorie der Schule* resultiert aus eben dieser Bezugnahme auf die Kritische Theorie konsequenterweise etwa die Forderung nach Bildungsgerechtigkeit und Partizipation (vgl. Kiper 2013). Grundsätzlich ist daher der mögliche Anspruch auf eine klare, praxisorientierte Relevanz durchaus einsichtig und soll aufrechterhalten werden. Praxis allerdings wird hier ausdrücklich nicht als mechanistisches Hantieren, sondern als überlegtes, vernunftgeleitetes, geistig durchdrungenes Handeln verstanden. Ansonsten besteht nämlich durchaus die Gefahr, dass bei eindeutig handlungsleitenden Folgerungen die Übergänge zwischen deskriptiven und normativen Gesichtspunkten relativ rasch verschwimmen und wieder eine programmatische pädagogische Theorie mit ideologischen Elementen entsteht.

Neben diesem Problem, dass eine Theorie stark normativ und einengend wirken kann, finden sich etwa bei Martin Heidegger ganz andere Vorbehalte gegenüber wissenschaftlichen Theorien. In der geisteswissenschaftlichen Tradition Wilhelm Diltheys erteilt er jeder Möglichkeit einer theoriebasierten wissenschaftlichen Erkenntnis eine klare Absage und fordert stattdessen ein »Vorgehen als Hermeneutik, d. h. als *Kunst der Auslegung zum Zweck von Sinnverständnis*« (Gondosch et al. 1980, 60; Hervorh. i. O.). Hier geht es nicht um Theorien als Möglichkeiten und Grundlagen für die scharfe Analyse und das Erklären der Wirklichkeit, sondern um ein Sich-Hineinversetzen und elementares, seelisches Verstehen nach den Maßgaben des *Hermeneutischen Zirkels* (vgl. Ulfig 1997, 174 f.).

Auf der anderen Seite wäre auch noch die Position radikaler Wissenschaftsskeptiker wie Paul Feyerabend zu erwähnen, die vor allem in den sozial- und gesellschaftswissenschaftlichen Theorien eine dogmatische, uniformierende Hegemonie der Wissenschaftsgesellschaft sehen, die unseren Blick auf die Welt und die Wahrnehmung von Wirklichkeit bestimmt (vgl. Feyerabend 1976).

Diese Hinweise und Vorbehalte extrem kritischer Skeptiker gelten sicher innerhalb der scientific-community nicht unbedingt als mehrheitsfähig und deuten eher auf die mögliche Breite des Diskurses hin, sollten aber doch zumindest Erwähnung finden. Dies geschieht allein deshalb, weil sich hier erkennen lässt, dass bereits das Errichten eines theoretischen Überbaues durchaus als tendenziöses und absichtsvolles Unternehmen gewertet werden kann, welches mit eben diesen Konstruktionen neue Wirklichkeiten schafft und Ziele erschließt. All das gilt umso mehr, nachdem sich Wissenschaft meines Erachtens natürlich primär auch als soziale Konstruktion begreifen lässt. Für grundlegende theoretische Paradigmenwechsel, wie beispielsweise in den letzten Jahren bei der Frage der Inklusion, sind daher eher gesellschaftliche Diskurswechsel verantwortlich als wissenschaftlicher Erkenntniszuwachs oder eine ausreichende forschungsbasierte Evidenz.

Thomas S. Kuhn hat aus wissenschaftstheoretischer Perspektive ja bereits vor Jahrzehnten seine Meta-Theorien über die asynchronen und abrupten Diskontinuitäten in Bezug auf die Paradigmenwechsel bei Theoriebildung und neuer Fokussierung formuliert (vgl. Kuhn 1967). Seine Überlegungen haben natürlich breiten Widerspruch auch innerhalb der Wissenschaft hervorgerufen, scheinen aber doch in regelmäßigen Abständen immer wieder neu diskutiert und aktualisiert zu werden.

Wie dem auch sei: Bei jedem Versuch, eine theoretische Fundierung und Rahmung für ein bestimmtes Themengebiet oder Weltphänomen zu konstruieren, scheint eine skeptische Vorsicht und Abgrenzung gegenüber aller intendierten Parteilichkeit geboten, da nichts absichtslos vorgenommen wird und normative Wertungen und eigene Parteinahmen sich niemals ausschließen lassen. Dies gilt auch für den vorliegenden Versuch. Daher soll möglichst lückenlos versucht werden, die Absichten des Verfassers so transparent wie möglich darzulegen.

1.2 Was umfasst und bewirkt eine Theorie?

Im Folgenden sei auf den Umfang und die mögliche Reichweite einer jeden theoretischen Rahmung hingewiesen. Als ambitioniertestes Vorhaben sind hier sicher die weitreichenden, kohärenten Haupttheorien zu sehen, die ausgewählte Phänomene wie etwa die Schule ganz generell, raum- und zeitübergreifend, zu erfassen und zu erklären suchen. Mit dem Ende der *großen Erzählungen* haben diese Haupttheorien aber deutlich an Attraktivität und Überzeugungskraft verloren (vgl. Lyotard 2012). Die hier vorliegende Positionsbestimmung der Grundschule ist daher auch lediglich als eine Theorie mittlerer Reichweite zu verstehen, die sich ihrer Begrenztheit bewusst ist und deren Erklärungswert in erster Linie an die spezifische nationale und historische Sondersituation der deutschen Grundschule gebunden ist. Rückschlüsse und erhellende Analogien zu anderen Zeiten und anderen Gegebenheiten sind damit natürlich nicht ausgeschlossen.

Zusammengefasst lässt sich *Theorie* in unserem Zusammenhang also terminologisch eingrenzen als der Versuch eines widerspruchsfreien, überprüfbaren Systems mittlerer Reichweite von sowohl deduktiv wie auch induktiv gewonnenen Grundannahmen, die sowohl beschreibend wie auch erklärend angelegt sind und die historisch-gesellschaftliche Realitätsausschnitte im Blick haben. Im vorliegenden Fall soll also die deutsche Grundschule in ihren Kerndeterminanten erfasst, strukturiert und geklärt werden. Ein normativer, Handlungen generierender und Denkprozesse leitender und damit die Wirklichkeit verändernder Anspruch kann von dem primär deskriptiven und analytischen Habitus dieser Publikation zunächst einmal nicht eingefordert werden. Im besten Falle, auch das sei nicht verschwiegen, wird aber möglicherweise ein handlungsleitender Nutzen daraus erwachsen. Es sei also für diesen Versuch einer Theorie der Grundschule zunächst einmal ein eher bescheidener Entwurf vorgeschlagen, der zwar die aktuellen Gegebenheiten und Bedingtheiten von Grundschule zu berücksichtigen sucht, aber doch auch dem alten Qualitätsanspruch von *Ockhams Rasiermesser* zu genügen sucht. Der Philosoph William von Ockham nämlich hatte den Anspruch formuliert, dass alle Theorien im Zweifelsfalle möglichst einfach zu halten wären.

1.3 Die Grundschule – eine Tradition ohne Theorie?

Zuletzt muss noch der Frage nachgegangen werden, ob nicht bereits bei der Installation der Grundschule oder in den folgenden

Jahrzehnten ihrer Fortentwicklung eigenständige Theorien zu dieser Schulform entwickelt wurden oder entwickelt werden mussten, die vielleicht nicht unter dieser Flagge gehandelt wurden, aber doch zumindest ein bildungstheoretisches Grundgerüst aufzuweisen hatten. Es soll also ein kurzer historischer Abriss skizziert werden, der die konzeptionellen Entwicklungslinien herauszuarbeiten sucht.

Zweifellos stellt die deutsche Grundschule, nach geschichtlichen Maßstäben, eine relativ junge, aber ebenso zweifellos weitgehend akzeptierte Schulform mit relativ hoher Zufriedenheit unter den Beteiligten dar (vgl. Bos 2010; Hanke 2005; Valtin 2010; Schuhmacher & Denner 2017). Sie darf, wie die Idee *Schule* insgesamt, mit aller Nüchternheit und einer klaren Sicht auf all ihre Problembereiche, als eine außerordentlich erfolgreiche und breitenwirksame Einrichtung bezeichnet werden (vgl. Prange 1995; Götz 2019). Ganz aktuell konnte diese Institution Grundschule im Jahr 2019 die Feier ihres 100. Gründungsjubiläums begehen – ob man dafür eher das Reichsgrundschulgesetz vom 28. April 1920 oder ihre Grundlegung in der Weimarer Reichsverfassung von 1919 oder die Verabschiedung der preußischen Richtlinien im Jahr 1921 als entscheidende chronologische Markierungspunkte ansieht, das nun erscheint eher als historische Petitesse.

Gerade ein kurzer Blick auf die Entstehungsgeschichte offenbart möglicherweise einige Spezifika oder Besonderheiten dieser Schulform, die für die weiteren Überlegungen hilf- und aufschlussreich sein dürften.

In Artikel 146, Abs. 1 der Weimarer Verfassung von 1919 finden sich folgende Bestimmungen:

> »Das öffentliche Schulwesen ist organisch auszugestalten. Auf einer für alle gemeinsamen Grundschule baut sich das mittlere und höhere Schulwesen auf. Für diesen Aufbau ist die Mannigfaltigkeit der Lebensberufe, für die Aufnahme eines Kindes in eine bestimmte Schule sind seine Anlage und Neigung, nicht die wirtschaftliche und gesellschaftliche Stellung oder das Religionsbekenntnis seiner Eltern maßgebend« (Weimarer Verfassung zit. nach Jung et al. 2011, 21).

Um möglichen Konflikten die Spitze zu nehmen, sollte allerdings bei der Einrichtung von konfessionellen Schulen der Willen der Erziehungsberechtigten soweit wie möglich zu erfüllen sein. Das Reichsgrundschulgesetz vom 28. April 1920 folgt den Vorgaben der Weimarer Reichsverfassung und konkretisierte die zeitliche Dauer dieser gemeinsamen Schulform. Gleich im ersten Artikel legt das Gesetz fest:

> »Die Volksschule ist in den vier untersten Jahrgängen als die für alle gemeinsame Grundschule, auf der sich auch das mittlere und höhere Schulwesen aufbaut, einzurichten. [...] Die Grundschulklassen (-stufen) sollen unter voller Wahrung ihrer wesentlichen Aufgabe als Teile der Volksschule zugleich die ausreichende Vorbildung für den unmittelbaren Eintritt in eine mittlere und höhere Lehranstalt gewährleisten. [...] Die bestehenden öffentlichen Vorschulen und Vorschulklassen sind alsbald aufzuheben« (§ 1 RGS 1920 zit. nach Reble 1993, 571).

In den preußischen Richtlinien zur unterrichtlichen und inhaltlichen Ausgestaltung der Grundschule von 1921 wird diese Vorstellung einer gemeinsamen, grundlegenden Bildung als Vorbereitung auf die weiterführenden Schulen noch weiter spezifiziert:

> »Die Grundschule als die gemeinsame Schule für alle Kinder der ersten vier Schuljahre hat die Aufgabe, den sie besuchenden Kindern eine grundlegende Bildung zu vermitteln, an die sowohl die Volksschule der vier oberen Jahrgänge wie die mittleren und höheren Schulen mit ihrem weiterführenden Unterricht anknüpfen können. Sie muss deshalb alle geistigen und körperlichen Kräfte der Kinder wecken und schulen und die Kinder mit denjenigen Kenntnissen und Fertigkeiten ausrüsten, die als Grundlage für jede Art von weiterführender Bildung unerlässliches Erfordernis sind.« (Preußische Richtlinien zit. nach Reble 1993, 572).

In dieser ersten allgemeinbildenden Schule für alle Kinder wurden nun allerdings zwei denkbar konträre Vorläuferformen aus dem neunzehnten Jahrhundert zusammengeführt. Auf der einen Seite nämlich handelte es sich um die öffentlichen Volksschulen, die je nach finanziellen Möglichkeiten der Kommune und der verfügbaren Schülerzahl in drei unterschiedlichen Qualitätsstufen existierten. Auf niedrigstem Niveau waren die Volksschulen lediglich als ungegliederte, einklassige Landschulen in kleineren Gemeinden vorhanden, es gab aber auch voll ausgebaute, jahrgangsdifferenzierte Stadtschulen mit anspruchsvolleren und umfangreicheren Lehrplänen als hochwertigste Endform (vgl. Jung 2001). Auf der anderen, gleichsam nur beschränkt öffentlichen Seite fanden sich die eher elitären Progymnasien und privaten Vorschulen für aristokratische und großbürgerliche Familien. Diese privatisierten Bildungsgänge waren aus der noch stärker individualisierten Variante, nämlich dem aristokratischen System der Privat- oder Hauslehrer, hervorgegangen, welches bis ins zwanzigste Jahrhundert hinein in den obersten Kreisen der Gesellschaft immer noch fortbestand.

Nach 1919/20 wurden diese Bildungseinrichtungen des 19. Jahrhunderts in ihren unterschiedlichen Ausprägungen zu einer einzigen Schulform verschmolzen.[1] Dies ging einher mit dem staatlich durchgesetzten und sanktionierten Pflichtbesuch in der gesellschaftlich erkämpften, gemeinsamen und gleichen Schule. Natürlich wurde mit diesem bildungsadministrativen Akt sicher auch einem politischen oder sozialreformerischen, in unterrichtspraktischen Teilbereichen ebenso reformpädagogisch inspirierten Programm weitgehend Genüge getan. Mit gewisser Sicherheit darf aber angenommen werden, dass der konzeptionelle Überbau der neu installierten Schulform kaum einen ausgefeilten bildungstheoretischen Hintergrund besaß (vgl. Einsiedler 2015).

Am ehesten lassen sich bei der Installation der Grundschule Bezüge zu den Vorstellungen und Idealen einer allgemeinen und breiten *Volksbildung* herstellen, wie sie etwa Johann Heinrich Pestalozzi maßgeblich angestoßen hatte. Diese allgemeine Volksbildung musste jetzt aber auch auf die Kinder zugeschnitten werden, denen eigentlich eine höhere, klassische Bildung mit ihrer altphilologischen oder

1 Wie stark diese unifizierenden Vorstellungen erst durch das Nationalsozialistische Reichsschulpflichtgesetz im Juli 1938 durchgesetzt wurden, soll an dieser Stelle nicht weiter ausdiskutiert werden; als Geburtsmakel bleibt es bestehen.

naturwissenschaftlichen Ausrichtung zugedacht gewesen war. Als demokratisch-egalitäre Alternative dazu sollten gerade die Kinder aus niedrigeren Volksschichten an genau diese höhere Bildung herangeführt werden, um mit dem gleichen Angebot schließlich eine Selektion der Tüchtigsten bei einer gleichzeitigen sozialen Durchmischung aller Schichten zu ermöglichen. Allerdings wurden von den Befürwortern der Einheitsschulbewegung eben wegen dieses gemeinsamen Umgangs aller Volksschichten miteinander vor allem die gemeinschaftsbildenden Kräfte außerordentlich hoch veranschlagt. In diesem Zusammenhang sei vor allem Johannes Tews genannt, der als wichtigster Funktionär des Deutschen Lehrervereins an ausgesprochen prominenter Stelle die Deutsche Einheitsschule mit dem fast sprichwörtlich gewordenen Untertitel »Freie Bahn jedem Tüchtigen« einforderte (vgl. Tews 1919).

In dieser gemeinsamen Volksschulunterstufe ging es als materiale Bildungsziele vor allem um ein kindgemäßes Verstehen und Durchdringen der heimatlichen Umgebung und eine Einführung in die Kulturtechniken, weniger um eine philologische, gymnasial inspirierte Allgemeinbildung in elementarisierter Form. Dies zumindest stand im damaligen bildungspolitischen Umfeld kaum zur Debatte. Als Leit- und Bildungsziel darf eine tragfähige Verwurzelung des Einzelnen in Volk, Nation und Staat angesehen werden. Maßgabe hierfür war die Ausbildung lebenspraktischer Vernunft, um eine tatkräftige Bewährung in den beruflichen und gesellschaftlichen Tätigkeitsfeldern zu ermöglichen. Diese Leitvorstellung wurde bis in die 1960er Jahre hinein als *volkstümliche Bildung* begrifflich gefasst und theoretisch überhöht. Neben den basalen Kulturtechniken als gemeinsamem Fundament sollte diese volkstümliche Bildung auch eine intensive Gemeinschafts- und Sozialerziehung hin zum loyalen, pflichtbewussten und tüchtigen Staatsbürger umfassen. Damit begibt sie sich aber in eine gewisse Opposition zur klassischen höheren Bildung, die Reflexivität, einen autonomen Gestaltungswillen und eine eigene und individuelle Selbstfindung als Grundvorstellungen vertrat.

Für die neu etablierte Grundschule ergaben sich daher gleichsam ein doppeltes Bildungsziel und eine doppelte Aufgabenstellung.

Grundsätzlich nämlich stellte sich die Frage, ob diese Grundschule an eine Tradition anschließen sollte, die in der Vorform der allgemeinen Volksschulen eine für die Alltäglichkeiten des Lebens ausreichende und damit gleichsam abgeschlossene, aber niedere Bildung anstreben sollte, oder ob sie ihr Augenmerk stärker auf eine fachpropädeutische Vorbereitung im Dienste der weiterführenden Schulen legen sollte, die letztlich auch die Fähigkeiten für Hochschule und Studium grundlegen sollte. Dies bedeutete natürlich eine gewisse Unabgeschlossenheit und reduzierte den Wert der Grundschule tendenziell auf eine Zuträgerfunktion. Diese grundlegenden Fragen nach einem eigenen Wert oder einer bildungstheoretischen Fundierung dieser neuen Primarschulform waren in den folgenden Jahren nach 1920 wegen der Fülle schulorganisatorischer und bildungspraktischer Aufgaben eher zweitrangig. Bis zum Beginn der nationalsozialistischen Herrschaft Anfang 1933 bestimmten dann ohnehin primär die politischen und ökonomischen Debatten die öffentliche Wahrnehmung.

Hinzu kommt, dass gerade die Dauer und Reichweite dieser gemeinsamen Beschulung im Vorfeld politisch höchst umstritten waren. Die eher sozialistisch oder sozialdemokratisch orientierten Kräfte aus dem Umfeld der Volksschullehrerschaft strebten eine allgemein verbindliche Schulzeit von acht Jahren an, also einen möglichst umfassenden Vorläufer eines Gesamtschulmodells, der in Anbetracht der Zeitverhältnisse sogar inklusiv gedacht war. Dagegen versuchten die bürgerlichen, kirchennahen und gymnasialen Kreise die gemeinsame Zeit denkbar kurz zu halten oder im besten Falle sogar ganz zu vermeiden. Die im Reichsgrundschulgesetz auf Basis des Artikels 14 der Weimarer Verfassung verankerte Geltungsdauer von vier Jahren verbindlicher Beschulung in der gemeinsamen Grundschule war nicht mehr, aber auch nicht weniger als ein politischer Kompromiss, der in dieser Form auch nur während eines sehr schmalen historischen Zeitfensters gefunden werden konnte – wie die gesamte Weimarer Reichsverfassung ja auch (vgl. bereits Neuhaus-Siemon 1996; Götz 2019).

Bildungstheoretische, anthropologische, entwicklungspsychologische oder pädagogische Begründungen für eine Fixierung gerade auf diese vier Jahre blieben eher randständig. Allerdings gewann diese schuladministrative Festlegung durch ihren uniformen Charakter und ihre erfolgreiche Durchführung in den 1920er und 30er Jahren insgesamt doch unbestritten eine gewisse normative Kraft. Ende der 1930er Jahre stand deshalb die vorgegebene Form einer für alle verbindlichen, gemeinsamen Schule insgesamt nicht mehr zur Disposition. Wie fragil und unsicher diese Fundierung auf vorwiegend organisatorische Eckpunkte allerdings war, lässt sich allein schon an den Ausführungen des Reichsschulpflichtgesetzes vom 6. Juli 1938 ablesen. Dieses *Gesetz über die Schulpflicht im Deutschen Reich*, das durch das nationalsozialistische Bildungsministerium unter Bernhard Rust formuliert wurde, ließ die *Grundschule* als Begriff und eigenständige Schulform verschwinden und bezeichnete diesen Zeitraum einfach wieder als *die vier unteren Jahrgänge der Volksschule*, deren Besuch in § 5 (2) als obligatorisch und fast ausnahmslos festgelegt wurde. Damit war das faktische Ende beinahe aller privaten Vorschulen oder Reformschulen eingeläutet. Eine ähnlich wechselhafte Entwicklung vollzog sich übrigens auch in der Sowjetischen Besatzungszone (SBZ) bzw. in der DDR. Nach dem Kriegsende wurde dort zunächst in den späten 1940er und frühen 50er Jahren die Grundschule zumindest begrifflich sogar auf die ersten acht Schuljahre ausgedehnt. Damit fanden die Forderungen der reformpädagogischen Einheitsschulbewegung mit einem halben Jahrhundert Verspätung also gleichsam noch ihre Erfüllung. Nach wenigen Jahren allerdings verlor die Grundschule ihren Namen und ihre formale Eigenständigkeit und wurde nach 1951/52 nur noch als *Unterstufe der Polytechnischen Oberschule* (POS) bezeichnet, die dann im Idealfall allerdings zehnklassig ausgebaut war (vgl. Jung 2011).

Mit diesem kurzen historischen Exkurs sollte die zentrale Frage dieses Buches in ihren Konturen wahrnehmbar werden: Gibt es einen eigenen bildungstheoretischen Bezugspunkt oder Begründungsrahmen dieser Grundschule, mit dem sich der Kern dieser Schulart beschreiben und fassen lässt? Dieser Kern und Grundcharakter muss natürlich unabhängig von den zufälligen und willkürlichen administrativen Jahrgangszuweisungen sein, die ja nur den Anfangsunterricht, aber auch ganze acht Schuljahre umfassen können. Lässt sich eine spezifische Bildungsaufgabe des schulischen Primarbereichs identifizieren, oder bleibt es bei einer Bindestrich- oder Stufenpädagogik, die ihre Berechtigung letztlich nur aus möglichst bruchloser Vorbereitung auf nachfolgende Schulformen oder aus einer Etikettierung durch die Bildungsverwaltung gewinnt? Oder ist damit, implizit, nicht schon so etwas wie eine Theoretisierung oder sekundäre Theoriebildung der Grundschule entstanden?

Damit ist auch angedeutet, dass aus der unterschiedlichen zeitlichen und terminologischen Festlegung der Grundschule zusätzliche Diffusitäten resultieren können: Wie viele Schuljahre sollte der Primarbereich umfassen? Was ist noch Grundschule? Oder ab wann beginnt etwas, was in beinahe automatischem Gegensatz *weiterführende* Schule genannt werden muss? Meint das Präfix Grund- beim Kompositum Grundschule eher einen zeitlichen oder einen inhaltlichen Begriff? Gerade mit der noch differenzierteren Aufgliederung in den Anfangsunterricht (im 1./2. Schulbesuchsjahr) und stärker fachlich orientierten Unterricht in der dritten und vierten Jahrgangsstufe, wie es in den preußischen Richtlinien zur Aufstellung von Lehrplänen vom 6. Mai 1921 für die Weimarer Grundschule vorgenommen wurde, wurde ja gleichsam die Grundschule noch einmal in eine elementarisierte Anfangszeit und eine stärker verschulte Folgezeit aufgespalten. Im heimatkundlichen Anschauungs- und Gesamtunterricht zu Beginn der Schulzeit wird ein erlebnishaftes, vorfachliches Lernen favorisiert, ab der dritten Jahrgangsstufe wird die Vorbereitung auf den späteren fachlichen Unterricht in Erdkunde, Naturkunde und Geschichte angestrebt. Damit wird zumindest partiell noch einmal eine Unterteilung oder Abgrenzung der ersten beiden Schuljahre vorgenommen, wie es ja auch die Primarbereichs-Modelle zur Schuleingangsstufe während der Bildungsreform der 1970er Jahre vorsahen. In ähnlicher Form findet sich diese Unterteilung auch beispielsweise im *Kleinen Haus* der Laborschule Bielefeld mit ihren jahrgangsgemischten Stammgruppen aus fünf- bis siebenjährigen SchülerInnen. Im Anschluss an die jahrgangsgemischte und offene Zeit im *Kleinen Haus* wechseln die SchülerInnen ab der

3. Jahrgangsstufe in das *Große Haus*, das viel stärker einer konventionellen Schule ähnelt. Grundschulintern könnte man quasi zwei differente Bildungsschwerpunkte oder -profile unterscheiden, die auf eine gewisse strukturelle Inkonsistenz hindeuten, gerade so, als wären die ersten beiden Schuljahre eher dem Kindergarten, die letzten beiden aber bereits den weiterführenden Schulen zugehörig. Der Verzicht beispielsweise auf Ziffernnoten während der ersten beiden Schuljahre könnte sicher ebenfalls als ein Indiz für diese interne Zweiteilung genommen werden. Dass mit einer derartigen inneren Heterogenität eine klare institutionelle und professionelle Verortung nicht unbedingt erleichtert wird, erscheint vermutlich einleuchtend.

Mit diesem kurzen historischen Rückblick soll auf die Schwierigkeit hingewiesen werden, Grundschule sowohl inhaltlich wie zeitlich ein- und abzugrenzen, da ihre Festlegung eher als schuladministrative denn als pädagogische Etikettierung zu verstehen war. Vielleicht war dies auch gar nicht notwendig, da diese Schulform in verschiedenen Ausprägungen offensichtlich funktionierte, gemäß Alexander Popes ebenso endgültigem wie bestechendem Diktum »Whatever is, is right!«.[2] Eine eigene bildungstheoretische Fundierung wurde daher kaum als notwendig angesehen und auch nicht nachdrücklich in Angriff genommen, nachdem das schulische Agieren von der täglich erfolgreichen Praxis immer wieder gleichsam neu legitimiert und abgesegnet wurde. Dementsprechend wurden auch eher schulpraktische, normative oder pragmatische Veröffentlichungen zu den Anforderungen des Berufes und zu den Aufgaben der Schule rezipiert (vgl. Einsiedler 2008).

Immerhin lassen sich, das zeigt dieser historische Rückblick, verschiedene Ansätze für eine theoretische Untermauerung dieser Schulstufe feststellen. Zunächst bereits in Andeutungen im Reichs-

2 In Popes moralphilosophischem Lehrgedicht »Essay on Man« (1759) steht natürlich viel umfassender und tiefgründiger der Theodizee-Gedanke im Zentrum.

grundschulgesetz, später auf der Basis der volkstümlichen Bildung. In den Jahren nach der Bildungsreform wurde das Profil der Grundschule von Ilse Lichtenstein-Rother & Edeltraud Röbe (1982) unter der Leitidee des Kindgemäßen weiter geschärft, um die Jahrtausendwende entstanden weitere theoretische Entwürfe: Eine klare Struktur und Systematik findet sich bei Günther Schorch (1998, 2006, 2009), bei Ursula Drews (2000), Wilhelm Topsch (2004), Cornelia Rehle & Pius Thoma (2003, 2011) und Tassilo Knauf (2007, 2009) steht ein Gesamtüberblick über die Grundschulpädagogik mit stärker einführendem Charakter im Vordergrund, ebenso bei den aktuellsten Darstellungen von Eva Schuhmacher & Lieselotte Denner (2017) sowie Anja Seifert & Thomas Wiedenhorn (2018). Sinnvollerweise erfolgt bei den meisten Publikationen eine Fokussierung auf einzelne Aspekte oder Leitideen (wie zum Beispiel *Offenheit, Inklusion, Übergang*). Die Darstellungen von Hannah Kiper (2013) und Friederike Heinzel (2011) dagegen gelten eher der Schule insgesamt, wobei allerdings immer wieder grundschulspezifische Gesichtspunkte nachdrücklich in den Blick genommen werden. Die Konzentration auf bestimmte Einzelfacetten der Grundschularbeit, wie eben den Vermittlungsaspekt, den inklusiven Charakter oder didaktische, unterrichtsmethodische Herausforderungen ermöglicht hier dankenswerterweise eine scharfe, ertragreiche und detaillierte Perspektive. Dies gilt in besonderem Maße auch für Wolfgang Einsiedlers Geschichte der Grundschulpädagogik (2015), die sich auf die Entwicklung der universitären Disziplin fokussiert. Das tiefenschärfste und theoretisch umfassendste Unterfangen stammt, wie bereits erwähnt, von Ludwig Duncker (2007). Auf diese Ansätze zurückgreifend versucht diese Publikation das Bestehende zu strukturieren, zusammenzunehmen und damit einen geschlossenen Gesamtentwurf für die Grundschule zu wagen.

Was darüber hinaus noch bleibt, ist natürlich die entscheidende Frage nach dem Sinn und Zweck dieser Theorie der Grundschule: Welcher Ertrag ist letztendlich von ihr zu erwarten?

1.4 Welchen Sinn hat eine Theorie der Grundschule?

Wie bereits in aller Kürze angedeutet wurde, gab es in der Entwicklung der Grundschule immer wieder Ansätze einer tragfähigen Theoriebildung, die allerdings oftmals unter dem Diktat schnell notwendiger Praxisentscheidungen und pragmatischer Lösungen und damit unter einem gewissen Handlungsdruck entstanden, wie etwa in den 1920er und 30er Jahren nach dem Reichsgrundschulgesetz. Bevor nun in den nächsten Kapiteln ein Überblick über die neueren und aktuellen Projekte gegeben wird, die den Versuch unternommen haben, dieser Bildungseinrichtung eine theoretische Rahmung und Fundierung zu geben, soll zuerst in einem nächsten Schritt kurz dargestellt werden, welcher Ertrag, Sinn und Nutzen von einer derartigen Theoretisierung im besten Falle denn zu erwarten sein könnten. Es soll also die schlichte Frage gestellt und beantwortet werden, warum eine theoretische Fundierung der Grundschule überhaupt notwendig zu sein scheint.

Nachdem ja auf den eher schuladministrativ und bildungspolitisch motivierten Entstehungskontext der Grundschule verwiesen wurde, können sich, nach meinem Dafürhalten, aus der fehlenden oder nur punktuellen und rudimentären bildungstheoretischen Begründung grundsätzlich auf drei verschiedenen Ebenen mehr oder weniger deutliche Schwierigkeiten, Desiderata, Irritationen oder Diffusitäten ergeben. Diese Unschärfen und Unklarheiten sind zum einen auf der institutionellen, zum zweiten auf der professionellen und zum dritten auf der disziplinären Ebene zu erkennen. Durch eine konzentrierte und konsistente Theoriebildung können sie möglicherweise aufgefangen werden, so dass in allen drei betroffenen Segmenten eine schärfer abgegrenzte und kompaktere Identität und ein klarer definiertes Handlungsfeld entstehen könnte. Demnach scheint mir die Theorie der Grundschule also in dreierlei Hinsicht ein spezifisches Desiderat zu sein. Anzustreben ist daher, dass sowohl aus institutioneller wie auch professioneller und disziplinärer Perspektive deutlicher zu erkennen sein könnte, welche Kernzuständigkeiten der Institution und der Profession sich nach außen abgrenzen lassen und wie diese im eigenen grundschulpädagogischen Handlungs- und Forschungsfeld angegangen werden können. Daneben könnten die unterschiedlichen universitären Forschungsrichtungen dieser Disziplin vernetzt und auf einen gemeinsamen Kern fokussiert werden.

1.4.1 Identität auf institutioneller Ebene

Der erste Zweck einer stärkeren Theoriebildung könnte der Institution Grundschule selbst zugutekommen. In den letzten Jahren oder beinahe schon Jahrzehnten nämlich erfuhr die traditionelle Grundschule eine nachdrückliche Erweiterung und Differenzierung ihres gewohnten Aufgabenfeldes, etwa durch eine stärkere Pflicht zur Erziehung und Betreuung ihrer Schülerklientel, ganz generell durch eine klare Tendenz zur Sozialpädagogisierung (vgl. z. B. Struck 2006). Ganz aktuell dürften die Forderung nach inklusiver Beschulung aller Kinder und die gesellschaftliche Integration zahlreicher Schülerinnen und Schüler mit Migrationshintergrund und stark heterogener Bildungsbiographie die größten Herausforderungen darstellen. Dass hierbei die Grundschule auch vor komplexe kompensatorische Aufgaben und enorme Herausforderungen gestellt wird, dürfte kaum zur Debatte stehen. Eine ganz zentrale Frage dabei wird sicher sein, inwieweit die grundsätzliche Lernzielgleichheit aufrechterhalten wird. Die manchmal relativ steil formulierte Forderung nach Lernzieldifferenz bzw. nach unterschiedlichen Kompetenzniveaus rührt natürlich durchaus am innersten Selbstverständnis der Schule, nämlich zunächst einmal ausnahmslos jedes Kind beispielsweise zum verstehenden Lesen eines bestimmten Textes zu befähigen.

Die quantitative und qualitative Steigerung an sozialisationsfördernden Maßnahmen, die von der Primarschule erwartet wird, zeigte sich etwa in der nachdrücklichen Forderung nach Ganztagesbetreuung oder zumindest voller Halbtagsschule, aber auch in eher kleineren und randständigen Fragen wie dem Austeilen eines Schulfrühstücks, dem Überprüfen des vollständigen Impfschutzes oder dem Verabreichen von Medikamenten innerhalb der Schulgemeinde. Bei all diesen Anforderungen stellt sich die ganz einfache Frage, ob die Schule als Institution dafür eigentlich zuständig sein soll oder sein muss oder ob sie bestimmte Ansprüche zurückweisen darf, weil diese eben nicht zu ihrem institutionellen Arbeitsfeld gehören (vgl. Hellmich & Kiper 2006).

Ganz egal, wie diese Anfragen im Einzelfall erfüllt oder zurückgewiesen oder überhaupt beantwortet werden: Es heißt keineswegs, dass diese Aufgabenverteilungen und Zuständigkeiten für alle Zeiten, also gleichsam immanent und naturgesetzlich so bleiben müssen. Aber wenn Ausweitungen und Veränderungen hin zu gesellschaftlichen, oft sozialpädagogischen Zusatzaufgaben vorgenommen werden müssen, dann sollte dies mit der entsprechenden Neuverteilung von Verantwortlichkeiten und Ressourcen einhergehen. Das bedeutet ganz einfach, es sollte reflektiert und mit Bedacht geschehen, in transparentem politischem und gesellschaftlichem Diskurs und nicht nur quasi auf Zuruf unter den Bedingungen des laufenden Betriebs.

Dass diese Diskussion um die Zuständigkeiten der Institution nicht ganz neu ist, mag ein Blick auf Wilhelm Gieseckes Streitschrift »Wozu ist die Schule da?« von 1997 belegen, die immerhin auch bereits Peter Feusers klares Plädoyer für eine umfassende Übernahme sozialpädagogischer Anliegen enthält (vgl. Giesecke 1997). Die Gefahr einer Überforderung und Überdehnung auf der einen, aber auch die einer alles dominierenden Mega-Institution auf der anderen Seite wurde schon damals anschaulich und deutlich formuliert, bei aller Pointierung und Polemik. Letztendlich blieben bei dieser Diskussion die Frontstellungen zwischen den Protagonisten unverrückbar: Auf der einen Seite die Forderung nach einer nicht einfach abzuweisenden Übernahme zahlreicher erzieherischer und sozialpädagogischer Aufgaben, auf der anderen Seite der ebenso klare Appell an die Schule, sich auf ihre Zentralaufgabe des Unterrichtens und der Wissensvermittlung zu konzentrieren. Natürlich stellt sich die Fragestellung, wofür Schule denn im Kern zuständig ist, was sie im Kern ausmacht, auch für die anderen Schulstufen und -arten, doch in der Grundschule werden durch ihre Alleinstellung als (Quasi-)Gesamtschule[3] diese institutionellen Aufweichungstendenzen, vermutlich allein aus ganz pragmatischen Gründen, besonders deutlich. Sicherlich wäre es für eine begrenzte Einrichtung hilfreich, bei manchen gesellschaftlichen Aufgabenzuweisungen ihre institutionelle Nicht-Zuständigkeit betonen und auf geeignetere Träger verweisen zu können; dies könnten die Möglichkeiten der Jugendhilfe sein, verschiedene Betreuungseinrichtungen, die mobile Erziehungshilfe, aber auch Sportvereine oder Fun- und Adventure-Parks.

Ein weiterer, gleichsam spiegelverkehrter Aspekt zunehmender institutioneller Diffusion ergibt sich durch die Vorverlagerung von Bildungsinhalten in vorschulische, ursprünglich eher bewahrend-erziehlich konzipierte Einrichtungen wie Kindertagesstätten, Krabbelstuben, (Schul-)Kindergärten und Vorschulklassen. In den letzten zehn bis zwanzig Jahren entwickelte jedes Bundesland einen teilweise ausgesprochen ambitionierten Bildungsplan für den Vorschulbereich, der in den allermeisten Fällen stark am herkömmlichen schulischen Bildungskanon angelehnt ist oder ihn sogar noch erweitert. Der Bayerische Bildungsplan für Vorschulkinder etwa sieht neben der Erstbegegnung mit Schriftzeichen und Zahlen auch naturwissenschaftliche Experimente, metakognitive Reflexionen und das philosophische Nachdenken über lebensweltliche Phänomene mit Kindern im Vorschulalter vor (vgl. Bildungsplan 2012). Das hessische Gegenstück dazu, der hessische Bildungs- und Erziehungsplan »Bildung von Anfang an« aus dem Jahre 2007, ist von vorneherein als ein Bildungsgesamtplan ausgelegt, der die gesamte Lebenszeit der Kinder vom allerersten bis zum zehnten Lebensjahr umfassen soll; bei einer

3 Durch den Fortbestand eines mehr oder weniger stark ausgebauten sonderpädagogischen Subsystems ist die Grundschule natürlich im strengen Sinne keine Gesamtschule. Die Entwicklung hin zu einer inklusiven Schule gleichsam als Regelmodell lässt diese Bezeichnung, gerade von der Grundintention her, aber als gerechtfertigt erscheinen.

konsequent gesamtschulartigen Schulstruktur müsste sich der Bildungs- und Erziehungsplan sinnvollerweise natürlich auch über das zehnte Lebensjahr hinaus bruchlos fortsetzen lassen. Der ähnlich ausgerichtete Thüringer Bildungsplan von 2008, der sich in vergleichbarer Weise als Vorreiter sieht, führt seine Konzeption dementsprechend mittlerweile auch bis zum 18. Lebensjahr weiter (vgl. TBiPlan 2010; TBiPlan 2015). Ein derartiger Bildungs- und Erziehungsgesamtplan erinnert natürlich stark und sicher nicht absichtslos an die umfassenden Entwürfe des Strukturplans bzw. Bildungsgesamtplanes aus den frühen 1970er Jahren mit seinen ambitionierten Zielen einer einheitlichen und konsistenten Bildung für alle Schichten und alle Bürgerinnen und Bürger. Einer genuinen Eigenständigkeit der Grundschule oder sogar einer bildungstheoretischen Differenz zwischen Schule und Noch-Nicht-Schule (sprich: Vorschule, Kindergarten, Kindertagesstätte, Familie usw.) wird hier bewusst eine Absage erteilt. Der hessische Bildungsplan schlägt hier dementsprechend auch durchaus epochale Töne an:

> »Indem wir mit dem Bildungs- und Erziehungsplan ein neues Kapitel früher Bildung aufschlagen, verabschieden wir uns von so manchen alten Vorstellungen. Gemeint ist hier etwa die Auffassung, dass Erziehung vornehmlich Sache der Kindertageseinrichtungen, Bildung dagegen vornehmlich Sache der Schulen sei. Diese nicht haltbare Unterscheidung und die Zuordnung der Begriffe ist im Bildungs- und Erziehungsplan endgültig überwunden. Es ist eine Grundlage pädagogischen Handelns, dass die Vermittlung von Bildung immer auch erziehend wirkt, Bildung ohne Erziehung also nicht zu denken ist. Wir Erwachsene sollten uns der Verpflichtung, die sich daraus für unser Leben und Arbeiten mit Kindern ergibt, sehr bewusst sein.« (HBuEP 2015, 6)

Spätestens seit Friedrich Herbart, also bereits seit dem Beginn des 19. Jahrhunderts, dürfte die Vorstellung der erziehenden Bildung bekannt und in der Folgezeit weitgehend akzeptiert sein. Der holistischen Argumentation des hessischen *Bildung-von-Anfang-an-Planes* lässt sich also grundsätzlich kaum widersprechen, womit er natürlich auch einen Gutteil seiner proklamierten Innovationskraft verliert. Offen bleibt allerdings die Frage, ob diese *Bildung von Anfang an* eben auch von Anfang an staatlich organisiert, uniformiert, kanonisiert und kanalisiert werden muss oder ob doch irgendwo eine Grenze gleichsam zwischen familiärem, freiwilligem *Wildwuchs* und institutioneller *Reglementierung* bestehen bleiben sollte, ob also zwischen dem Bereich staatlicher Pflichtschule und dem privaten Bereich von Noch-Nicht-Schule klar unterschieden werden sollte. Den Verfasserinnen und Verfassern des Hessischen Bildungsplans scheint diese Abgrenzung ja auch zumindest implizit bewusst zu sein, wenn sie im Vorwort auf das beispielhafte Projekt *Qualifizierte Schulvorbereitung* hinweisen, welches zu einem gelingenden Übergang beitragen soll (vgl. HBuEP 2015, 5). Schließlich ist der Begriff *Übergang* ohne eine Grenze, ohne eine Differenz, eine institutionelle Unterschiedlichkeit ja vollkommen sinnlos.

Auf den hessischen Bildungsplan wurde nicht nur wegen seines epochalen Charakters mit einer gewissen Ausführlichkeit verwiesen, sondern auch, weil an ihm beispielhaft deutlich wird, dass damit die Grenzen der Institution, ihr Profil und ihre Zuständigkeit also auch nach unten zunehmend unschärfer werden, das heißt gegenüber den zeitlich vorher liegenden Erziehungs- und Bildungsstätten. Diese Überlagerung und Vermischung gilt sowohl für Inhalte und Ziele wie auch für Methoden und Vermittlungsformen. Neben eher abstrakten Zuständigkeitsfragen erzeugt dies, ganz pragmatisch und unterrichtspraktisch gedacht, in manchen ersten Klassen bei der Einführung eines neuen Inhaltes oder Themengebietes den ebenso gelangweilten wie enttäuschten Einwand vonseiten der Erstklässler: Das alles hätte man schließlich schon im Kindergarten hinter sich gebracht.

1.4.2 Identität auf professioneller Ebene

Aus den oben anskizzierten institutionellen Irritationen resultieren ganz unmittelbar und zwangsläufig auch Unklarheiten und Verunsicherungen, die das professionelle Personal in seinem alltäglichen Handeln betreffen. Bereits die traditionellen und klassischen Kernaufgaben der Lehrkräfte auf dem pädagogischen und kollegialen Feld wie Unterrichts- und Elternarbeit, Organisation und Verwaltung befördern durch den gleichsam zweigeteilten Arbeitsplatz sowohl in der Schule wie auch zuhause eine Entgrenzung und Ausweitung der beruflichen Tätigkeit (vgl. Prange 2000). Es ist naheliegend, dass aus dieser diffusen Abgrenzung zwischen beruflicher und privater Sphäre besondere und vor allem permanente Belastungen entstehen können. Dies verstärkt sich natürlich bei besonders anspruchsvollen und arbeitsintensiven unterrichtlichen und pädagogischen Aufgaben, wie beispielsweise in inklusiven Klassen. Auch bei besonders engagierten Lehrkräften manifestiert sich die Gefahr einer von ihnen selbst durchgeführten Ausbeutung, die mit allen Symptomen des beruflichen Burnouts einhergehen kann, dem Verlust von Belastbarkeit und motivationaler und innovativer Energie.[4] Zu diesem immer schon diffusen und entgrenzten professionellen Status mit seinen vielfältigen Aufgaben treten in den letzten Jahren eine Fülle zusätzlicher Handlungsfelder, die teilweise offiziell via Schulgesetze oder Lehrplan zugewiesen werden (z. B. Nachmittagsbetreuung im Zusammenhang mit der vor allem auch politisch angestrebten Einführung der Ganztagsschule) oder teilweise quasi informell erwartet oder verlangt werden (z. B. reichhaltige Gestaltung des Schullebens durch Kindertheater und Schullandheimaufenthalte, familientherapeutische Ausdauer, medienpädagogische Digitalkompetenz und kindzentrierte Ubiquität, aber auch pflegerische und soziale Aktivitäten). Neben dem offensichtlichen und realen Problem einer permanenten Überforderung und Überdehnung droht auch die nicht weniger brisante Gefahr einer beruflichen Zersplitterung und Atomisierung. In vielen der komplexen schulischen Handlungssituationen ist eine eindeutige Differenzierung in relevante und nebengeordnete Tätigkeitsfelder unter dem ständigen Entscheidungsdruck des anspruchsvollen Unterrichtsalltags kaum mehr zu leisten. Viel weniger noch lassen sich

4 Es ist sicher kein Zufall, dass bis weit ins 20. Jahrhundert hinein vor allem von Lehrerinnen eine zölibatäre Lebensweise verlangt wurde, weil sie die doppelten Anforderungen und Überschneidungen von Beruf und Familie nicht zur Deckung bringen könnten.

unter Umständen unberechtigte, unerfüllbare und nebensächliche Berufsanforderungen zurückweisen. Ganz konkret sei hier auf völlig unterschiedliche Fragen verwiesen, die in Lehrerzimmern, aber auch in Lehrplankommissionen diskutiert werden: Ist es berufliche Aufgabe einer Lehrkraft, differenzierte und individuelle Lernentwicklungsgespräche zu führen? Muss sie Allergien beachten, Medikamente verabreichen, Veränderungen in psychischer und medizinischer Hinsicht diagnostizieren oder zumindest erkennen? Oder, ganz basal, muss sie Kindern nach dem Sportunterricht die Schuhe zubinden? Muss sie es ihnen beibringen? Oder aufs Elternhaus verweisen? Bei Schullandheimaufenthalten die Tisch- und Essmanieren einer hochentwickelten Industriegesellschaft anbahnen, einfordern, gemeinsam schulen? Für eine passende und witterungsgemäße Ausrüstung und Bekleidung der Kinder sorgen? Ganz allgemeine Bewegungsdefizite aufgreifen und durch Unterrichtsgymnastik ausgleichen?[5] Dass die meisten dieser Anforderungen von Lehrkräften im alltäglichen Geschäft ohne Zögern wahrgenommen und erfüllt werden, ist unbestritten und anerkennenswert und teilweise sicher auch gar nicht anders machbar. Die Gefahr einer permanenten Überforderung und Zersplitterung der Kräfte ist aber sicher auch nicht von der Hand zu weisen. Darüber hinaus muss das Erkennen von Nicht-Zuständigkeit immerhin auch als professionelles Merkmal angesehen werden (vgl. Combe & Helsper 1996). Hinzu dürfte sich bei vielen Lehrkräften auch zunehmend das Gefühl gesellen, eher von diffusen gesellschaftlichen Zwängen fremdbestimmt zu werden, als in reflektierter und kompe-

5 Diese gesellschaftlichen Zusatzaufgaben sind keineswegs eine ganz brandneue Erfindung; der bayerische Lehrplan sah bereits vor Jahrzehnten sogenannte Monatsbelehrungen vor, die etwa Warnungen vor dem Betreten von Eisflächen, aber auch Hinweise auf Fallenstellerei und Wilddiebstahl enthielten; dies ungeachtet der Frage, ob die Lehrkräfte jetzt über eine besondere Expertise auf dem Gebiet der Wilderei verfügten. Diese Belehrung erfolgte lediglich aus dem pragmatischen Grunde, dass hier via Schule alle Kinder relativ gut und einheitlich erreicht werden konnten.

tenter pädagogischer Verantwortung selbstständig und autonom Entscheidungen treffen und verantworten zu können. Welche Bedeutung das Empfinden von Autonomie und Selbstbestimmung für Unterrichtserfolg und Motivation haben, konnte beispielsweise durch die Untersuchungen von Müller et al. angedeutet werden (vgl. Müller, Andreitz & Hanfstingl 2008).

Ein theoriegeleitetes und gesichertes Wissen um das grundschulpädagogische Kerngeschäft könnte daher möglicherweise die bei Teilen des schulischen Personals herrschende und durchaus verständliche Verunsicherung bezüglich ihrer zentralen und wesentlichen beruflichen Aufgaben beseitigen. Damit ließe sich eine tragfähige professionelle Identität generieren, die u. U. auch die Verweigerung externer Ansprüche nach sich ziehen könnte.

1.4.3 Identität auf disziplinärer Ebene

Neben der Orientierungshilfe für Institution und Profession könnte eine Theorie der Grundschule vielleicht auch eine Strukturierungsfunktion für die zahlreichen disziplinären Forschungsansätze bereitstellen. Bereits bei einem ersten, orientierenden Blick auf die vielgestaltige Forschungstopologie der letzten Jahrzehnte innerhalb der relativ jungen wissenschaftlichen Disziplin Grundschulpädagogik und -didaktik[6] wird zweierlei deutlich: dass hier erstens inhaltlich und methodisch ganz divergente Forschungsansätze zu finden sind und dass zweitens die Abgrenzung zu den verwandten universitären

6 Als Beleg für die relativ kurze zeitliche Forschungstradition mag beispielsweise die erst im Jahre 2009 erfolgte Etablierung einer eigenen Zeitschrift für speziell grundschulpädagogische und -didaktische Forschungsfragen genommen werden (Zeitschrift für Grundschulforschung = ZfG, Bad Heilbrunn). Bis dahin mussten aktuelle fachwissenschaftliche Beiträge in den Publikationsorganen der Nachbardisziplinen, also der allgemeinen oder Schulpädagogik oder der pädagogischen Psychologie, platziert werden.

Disziplinen wie der Schulpädagogik, den unterschiedlichen Fachdidaktiken und der (pädagogischen) Psychologie relativ schwierig erscheint. Dies mag sicherlich sowohl mit dem insgesamt juvenilen Zustand dieses akademischen Faches zusammenhängen als auch mit der typischen sekundären Disziplinbildung in diesem Bereich. Damit ist gemeint, dass sich die universitäre Lehr- und Forschungsdisziplin erst als eine Folgeerscheinung der Akademisierung des Berufes und seiner gestiegenen und ausdifferenzierten Anforderungen zu Beginn der 1970er Jahre herausbildete (vgl. Schuhmacher & Denner 2017). Diese späte und sekundäre Disziplinbildung lässt aber die Notwendigkeit deutlich werden, die zugehörigen Forschungsparadigmen zu konzentrieren und ihre Fragestellungen und Methodologien von denen der anderen etablierten Disziplinen zu unterscheiden. Dies erscheint m. E. auch nicht lediglich als eine rein selbstrelevante akademische Spiegelfechterei, sondern als eine ganz zentrale Frage nach der Bedeutung des Faches. Denn wenn sich die Inhalte und Ziele ebenso gut aus der Schulpädagogik und den Fachdidaktiken gewinnen lassen und das methodische Repertoire von der Psychologie und Soziologie gestellt werden kann, dann erscheint eine eigene Disziplin *Grundschulpädagogik und Grundschuldidaktik* weitgehend als obsolet. Zweifellos kann Wolfgang Einsiedler nur zugestimmt werden, wenn er feststellt, dass es die Grundschulpädagogik als universitäre Disziplin häufig

> »verstärkt mit anwendungsnaher Auftragsforschung und Unterrichtsentwicklung (auch mit relativ großen Gestaltungsspielräumen) zu tun [hatte]. Im Gefolge davon entstanden Forschungsvorhaben im Rahmen von Modellversuchen, als Begleitforschung, als Entwicklungsprojekte und als Programmevaluationen, deren Methodologien disparat und kaum mehr zu überblicken sind« (Einsiedler 2015, 58).

Diese stark anwendungs- und unterrichtsnahe Forschung begleitet die Disziplin seit ihren Gründungsjahren, wie etwa die Projekte zum Methodenstreit zwischen synthetischer oder analytischer Vorgehensweise oder zu Frühlesern in den 1970er Jahren (vgl. Neuhaus-Siemon 1996), und mündet auch aktuell direkt in die Entwicklung durchdachter Unterrichtsarrangements (vgl. Möller 2012).

Die Frage nach dem konstitutiven Kern der Disziplin erscheint daher ebenso existenziell wie offen. In diesem Zusammenhang dürfte im folgenden Exkurs ein Überblick über theoretisch fundierte Wissenschaftsparadigmen und Forschungsansätze sinnvoll und klärend sein. Diese Forschungsrichtungen können die Spezifika der Grundschule zumindest indirekt und mittelbar erkennen lassen und damit außerdem zu Anknüpfungs- und Ansatzpunkten einer Theorie der Grundschule werden.

1.5 Exkurs I: Grundschulforschung – Die wissenschaftlichen Profile einer jungen Disziplin im Überblick

Innerhalb der Grundschulpädagogik kann je nach Schwerpunktsetzung der verschiedenen Autoren von drei bis fünf differenten Forschungsansätzen gesprochen werden. Götz & Neuhaus-Siemon unterschieden bereits 1998 drei unterschiedlich ausgerichtete Subdisziplinen: Eine historisch-systematische, eine empirische und eine interkulturell-vergleichende Variante. Joachim Kahlert ergänzte später noch die pragmatische Forschungsrichtung als vierten Sektor. Hellmich & Kiper schlagen eine weitgehend ähnliche Unterteilung in die vergleichende, die historische, die kulturwissenschaftliche, die ethnographisch angelegte und die empirisch orientierte Grundschulforschung vor (vgl. Hellmich & Kiper 2006, 13 f.). Wohl aus Gründen der Übersichtlichkeit bündeln Hellmich und Kiper außerdem mehr oder weniger trennscharf die grundschulpädagogischen Forschungsansätze in zwei Hauptkategorien. Sie unterscheiden nämlich zwischen konzeptionellen und empirischen Vorhaben, also gleichsam zwischen primär normativen *Entwürfen* bzw. *Analysen* und der eher deskriptiv angelegten Erfassung und Dokumentation erziehungswissenschaftlicher *Erfahrungstatsachen*. Eine ähnliche Systematik, aber mit stärkerer

Betonung der wissenschaftlichen Weiterentwicklung, findet sich bei Wolfgang Einsiedler, der zwischen deskriptiv-explanatorischen, präskriptiven und normativen Ausrichtungen unterscheidet (vgl. Einsiedler 2008). Dass die normativen Aussagen in pädagogischen Handlungsfeldern kaum zu vermeiden sind und deswegen auch eine sehr lange und ausgeprägte Tradition besitzen, wird allerdings von Einsiedler keineswegs in Frage gestellt.

Eine letzte Anmerkung: Bei einer vergleichenden Zusammenschau der teleologisch und forschungsmethodisch unterschiedlichen Ansätze geht es nicht um eine Hierarisierung, um ein besser oder schlechter, um sinnvoll oder weniger sinnvoll. Es gilt ganz schlicht, Stärken und Schwächen, Potentiale und Grenzen der einzelnen Herangehensweisen zu erkennen und zu ergänzen, um blinde Flecken zu vermeiden und sich um einen Kern zu konzentrieren, gerade wegen dieser methodischen Vielgestalt. Als einzig relevante Frage bleibt: Was trägt diese Forschungsperspektive, diese Erkenntnismöglichkeit zu dem wesentlichen Kern von Grundschulpädagogik bei?

Diese divergenten Forschungsrichtungen lassen sich in einem knappen Überblick folgendermaßen charakterisieren und darstellen:

Interkulturell-vergleichende Grundschulforschung

Die interkulturell-vergleichende Grundschulforschung setzt sich mithilfe international angelegter, analysierender Länderstudien das Ziel, Gemeinsamkeiten und Unterschiede der nationalen Bildungssysteme zu identifizieren und deren Effekte und Folgen zu erforschen, um auf Stärken und Schwächen, Potenziale und Defizite hinzuweisen. Gerade im Bereich der Grundschulpädagogik darf dies als begrüßenswerter Versuch angesehen werden, die potenziell drohende Provinzialisierung dieser Disziplin zu überwinden; Bildungssystem und Lehrkräftebildung sind ja traditionell stark national oder föderal begrenzt. Auf der anderen Seite ist die Gefahr des *cultural-borrowing*, gerade im Kielwasser der großen internationalen Vergleichsstudien während der letzten Jahre, nicht auszuschließen. Mit *cultural-borrowing* wird die unkritische Übernahme kultureller und bildungspolitischer Versatzstücke bezeichnet, die unter Missachtung der unzähligen und unüberschaubaren nationalen und regionalen Differenzen und Sonderentwicklungen aus der eigenen beschränkten ethnischen und kulturellen Perspektive heraus vorgenommen wird. Zudem erscheint es beim Vergleich ausgesprochen schwierig, aus der Fülle nationaler Besonderheiten die wirklich relevanten Differenzen zu identifizieren. Kausale Zusammenhänge und mögliche Ursachen für bestimmte Leistungsunterschiede können oftmals nur vermutet werden, zudem scheinen sie sich je nach subjektiven Überzeugungen politisch instrumentalisieren zu lassen.

Historische Grundschulforschung

Die historisch orientierte Teildisziplin dagegen untersucht schwerpunktmäßig geschichtliche Verläufe und überdauernde Fragestellungen in synchroner und diachroner Perspektive, um Zusammenhänge und Traditionen, aber auch Brüche und Diskontinuitäten aufzeigen zu können und damit auch handlungsleitende Einsichten zu gewinnen. Dass jedes geschichtliche Ereignis eine gewisse Einzigartigkeit besitzt und daher nur sehr beschränkt als *Lehrmeister des Lebens* im Sinne Tacitus' dienen kann, sei natürlich angemerkt. Neben dieser historischen Singularität lässt sich auch an der immer wieder neu belebten Relevanzdebatte ablesen, dass die Bedeutung sehr lange zurückliegender historischer Marginalia und geschichtlicher Fußnoten für das heute Dasein nicht unbedingt offensichtlich ist. Hier wird von der Historiographie immer wieder zu Recht eingefordert, dass unter dem Staub und den Spinnweben der Jahrhunderte doch ein lohnenswerter Erkenntnisgewinn für das heutige Leben zu finden sein müsse.

Empirische Grundschulforschung

Als nächstes und aktuell sicher bedeutsamstes Forschungsfeld versucht die empirisch orientierte Grundschulforschung als *Tatsachenwissenschaft* ihre Erkenntnisse erfahrungsbasiert zu gewinnen. Angelehnt an psychologische Vorgehensweisen kann dies eher durch qualitative Interviews und teilnehmende Beobachtungen erfolgen oder mithilfe von quantitativen, standardisierten Tests oder Schulleistungsuntersuchungen. Zu unterscheiden ist dabei außerdem zwischen einem lediglich beobachtenden Vorgehen auf der einen und experimentellen oder quasi-experimentellen Untersuchungsarrangements mit aktivem Zugriff auf den Probanden auf der anderen Seite, wobei der Mixed-Methods-Ansatz die jeweiligen Vorgehensweisen ausgewogen zu verbinden versucht (vgl. Wellenreuther 2004). Als weitere kritische Punkte lassen sich bei den empirischen Forschungsparadigmen die grundsätzliche Asymmetrie zwischen Forscher und Beforschten, die beschränkte Übertragbarkeit von Laborsituationen und Durchschnittsbefunden auf lebensnahe Einzelfälle und die oft unreflektierte Gleichsetzung von Korrelationen mit Kausalitäten identifizieren. Zudem bleiben in jedem Fall, vor allem bei experimentellen Untersuchungsdesigns, enge ethische Grenzen gesteckt. Diese ethischen Bedenken lassen sich etwa bei der Auswahl einer Kontrollgruppe verdeutlichen; hier muss u. U. ein Teil der Schüler und Schülerinnen aus methodischen Gründen zeitweise oder immer von bestimmten Fördermaßnahmen ausgeschlossen werden.

Pragmatische Grundschulforschung

Der pragmatische Forschungsansatz, der vor allem auf Kahlert zurückgeht, lässt sich teilweise als eine Reaktion auf die eher praxisferne historische oder die oftmals extrem zeitintensive empirische Herangehensweise verstehen und meint nichts anderes als ein Erproben und Installieren plausibler, theoretisch überzeugender schulischer und unterrichtlicher Maßnahmen, ohne auf die letzte empirische Absicherung durch Pilotstudien und Pre-Tests zu warten. In Anbetracht des zeitlichen Vorlaufs einer elaborierten, wissenschaftlich lupenreinen Intervention, die ja oft erst für die nächste Schülergeneration in Angriff genommen werden kann, erschient ein derartig ökonomisches Vorgehen auch nicht ganz unbegründet (vgl. Einsiedler 2011).

Kulturwissenschaftliche Grundschulforschung

Unter kulturwissenschaftlicher Ausrichtung nun verstehen Hellmich und Kiper die Analyse von amtlichen und unterrichtsrelevanten Dokumenten wie Lehrplänen oder Schulmaterialien zur Dokumentation erziehungswissenschaftlicher Rahmenbedingungen. Diese Einbettung bildungsrelevanter Phänomene in den gesellschaftlichen und kulturellen Gesamtkontext ist selbstverständlich eine ebenso ambitionierte wie notwendige Ergänzung zu den anderen Forschungsansätzen. Wegen ihrer textkritischen und analysierenden Vorgehensweise lässt sie sich von den Ansätzen und methodischen Vorgaben der historischen Forschung aber natürlich nur bedingt abheben und teilt dementsprechend auch manche ihrer Stärken und Schwächen (vgl. Hellmich & Kiper 2006).

Ethnographische Grundschulforschung

Die ethnographisch angelegte Grundschulforschung lässt sich, als letzte Subdisziplin, in ihrem Untersuchungsparadigma in der Nähe zur soziologisch fundierten Kindheitsforschung verorten und sucht den durchaus auch casuistisch-qualitativ angelegten Blick auf das *fremde* Kind und seine Aufwachs- und Bildungsbedingungen. Dass dabei die Erkenntnis mitunter eher auf den Einzelfall und das individuelle Verstehen von individuellen Vorgängen gerichtet ist, spricht eher für die heuristische Tiefe dieses Ansatzes bei der Annäherung an gerade dieses Kind als Teil einer unbekannten Ethnie. Die Gefahr einer Überinterpretation des akribisch erfassten Sonderfalles ist bei einer Untersuchung unter ethnographischen Gesichtspunkten natürlich immer gegeben (vgl. Huf 2006).

Beim Überblick über die Perspektiven, Zielsetzungen und Vorgehensweisen dieser divergenten Forschungsansätze dürfte bereits deutlich geworden sein, dass die genannten Subdisziplinen keineswegs vollkommen isoliert nebeneinander stehen, sondern dass es bei unterschiedlichen Schwerpunktsetzungen hier immer wieder zu Berührungspunkten und Überschneidungen kommt. Beim historischen und kulturwissenschaftlichen Ansatz beispielsweise sind Methoden und Quellenkorpus u. U. weitgehend identisch, different sind im Grunde lediglich die Zielsetzung und der zeitliche Untersuchungskorridor. Auf das empirische Methodenrepertoire wird ohnehin von mehreren Forschungsansätzen wie etwa der interkulturell-vergleichenden Grundschulforschung zurückgegriffen.

Vor dem Hintergrund dieser disziplinären Heterogenität, die ja durchaus als fruchtbares, gewinnbringendes und kreatives Element der aktuellen Grundschulpädagogik verstanden werden kann, stellt sich durchaus die Frage, was nun diese verschiedenen Paradigmen verbindet und zusammenhält. Oder sollte es nur die schlichte Tatsache sein, dass sich ihr Erkenntnisinteresse auf die durch einen administrativen Akt zusammengefügten unteren vier oder sechs Jahrgangsstufen der allgemeinbildenden Schule bezieht, an die sich die Erziehungswissenschaftlerinnen und Erziehungswissenschaftler als *Grundschule* nun einmal gewöhnt haben? Dies würde natürlich bedeuten, dass mit dem Verlust dieser Schulform etwa durch ein Aufgehen in einer größeren, gesamtschulartigen Struktur bis zur achten oder zehnten Jahrgangsstufe, wie in der DDR Anfang/Mitte der 1950er Jahre, auch ein Verlust des Untersuchungsgegenstandes selbst einherginge. Diese Fokussierung auf die administrative Vorgabe würde eine durchaus schwankende Basis für eine wissenschaftliche Disziplin darstellen. Durch die zeitweilige Konzentration auf den Schulanfang oder den Anfangsunterricht als Alleinstellungsmerkmal der Grundschule wird dieser Gefahr wohl auch Rechnung getragen, womit allerdings der Zugang zum Forschungsgegenstand klar noch stärker verengt wird. Damit konzentriert sich das Interesse fast ausschließlich auf den Aspekt *Beginn oder Anfang institutioneller Bildung* (vgl. Fischer 2013).

Auch beim Blick auf das methodische Repertoire der Grundschulforschung wird relativ schnell deutlich, dass sich die Grundschulforschung oftmals aus dem Fundus der Nachbardisziplinen bedient, also beispielsweise bei den Historikern, den Kulturwissenschaftlern, Psychologen und Soziologen. Dass auf deren bewährtes oder zumindest anerkanntes Arsenal zurückgegriffen werden muss, erscheint weitgehend unbedenklich, macht aber zum einen die Notwendigkeit eines möglichst eindeutig zu identifizierenden Untersuchungsobjekts umso deutlicher, an das diese geborgten Werkzeuge angelegt werden können; wünschenswert wäre zum anderen die Konzentration auf eine Ausarbeitung und Intensivierung einer spezifischen grundschulpädagogischen und -didaktischen Methodologie in der Grundschulforschung.

Als Resümee bei der Frage nach dem Sinn einer projektierten Theorie der Grundschule lässt sich also Dreierlei festhalten: dass diese Theorie am Ende dazu beitragen kann, die Zuständigkeiten und Grenzen der Institution zu klären, dass Lehrerinnen und Lehrern ihre eigentlichen Aufgaben vielleicht deutlicher zu erkennen vermögen und dass die differenten Forschungsansätze auf ein Ziel und ein zentrales, spezifisches Moment ausgerichtet werden können. Eine theoretische Rahmung der Grundschulpädagogik soll daher, kurz gesagt, eine dreifache Zielsetzung haben, nämlich die Festigung von disziplinärer, institutioneller und professioneller Identität. Damit könnte die vorliegende Publikation also auch unterschiedliche Zielgruppen ansprechen, etwa für Lehrkräfte durchaus einen gewissen handlungsleitenden Charakter gewinnen.

Als Nächstes ist daher zu untersuchen, worin die grundschulpädagogischen und grundschuldidaktischen Spezifika liegen könnten, die den konstitutiven Kern aller Forschungsansätze und Methoden bilden sollten.

2

Die Grundschule: Kernaufgaben, Spezifika, Leitvorstellungen

Bereits während der Gründungsphase der Grundschule nach dem ersten Weltkrieg wurden in der Weimarer Verfassung vom Juli 1919 und im Reichsgrundschulgesetz vom April 1920 zentrale Aufgaben und Charakteristika dieser damals innovativen Schulstufe formuliert, die in den folgenden Jahrzehnten immer wieder aufgegriffen, modifiziert und erweitert wurden. Bei der Recherche nach konstitutiven, spezifischen und ausreichend trennscharfen Besonderheiten und Alleinstellungsmerkmalen der Grundschule lassen sich daher sowohl im historischen Verlauf wie auch in der ganz aktuellen Diskussion zahlreiche tragfähige Ideen finden. Diese Ansätze sollen im Folgenden gebündelt und systematisiert werden. Natürlich müssen bei dieser relativ groben Einteilung in sechs unterschiedliche Grund- und Leitvorstellungen manche Details vernachlässigt werden; unberücksichtigt bleiben beispielsweise die primär politisch motivierten Leitvorstellungen von Bildung, die der Grund- bzw. der Volksschule in erster Linie eine Erziehung des Schülers und der Schülerin zum funktionierenden Mitglied in Volk und Staat zur Aufgabe machten, sei es zum Volksgenossen oder zur sozialistischen Persönlichkeit.

Unter dieser vereinfachten Perspektive lassen sich sechs übergreifende und spezifische Grundvorstellungen identifizieren, die oft in einer signifikanten Metapher oder einem Sinnbild zusammengefasst werden.

2.1 Erstes Leitbild: Die Grundschule als verbindende Brücke oder Vermittlungsort

Bereits in der Weimarer Verfassung und im Reichsgrundschulgesetz werden als zentrale Aufgabe und innovative Besonderheit der Grundschule die gemeinsame Bildung aller Kinder benannt und in den folgenden Richtlinien von 1921 als *grundlegende Bildung* sowohl inhaltlich-material, aber auch in organisatorisch-methodischer Hinsicht konkreter gefasst. *Grundlegende Bildung* erscheint hier zum einen als eine Anknüpfung an die kindliche Heimat bzw. Lebenswelt, die kindgemäß, ganzheitlich und erlebnisbetont aufgriffen und geklärt werden soll, zum anderen als eine Vorbereitung auf die gegliederten Fächer der weiterführenden, also der mittleren und höheren Schulformen. Spezifikum der Grundschule wird damit ihre vermittelnde Stellung zwischen dem Kind und den in Fächern geordneten Inhalten.

Diese Grundidee einer Verbindungs- oder Brücken- und Vermittlungsinstitution zwischen Kind und Sache wird in den Jahrzehnten nach der Installierung der Grundschule 1919/20 immer wieder aufgegriffen. Als einer der prominentesten Vertreter darf beispielsweise Wilhelm Flitner genannt werden, der in den 1960er Jahren die Grundschule ausdrücklich als Vermittlungsschule positionierte (vgl. Flitner 1966). Als relativ aktuellen, elaborierten und fundierten Entwurf kann in diesem Zusammenhang etwa auf Ludwig Duncker und Walter Popp (1994) hingewiesen werden, gerade weil sie die vor- und außerschulischen Lernerfahrungen der Schülerinnen und Schüler ausdrücklich in den schulischen Kontext und Auftrag miteinbeziehen.

> »Was im Spiel oft selbstständig und ohne Anleitung erprobt wird, strukturiert sich allmählich zu Vorstellungen über die Wirklichkeit, in denen objektive Bezüge und subjektive Bedeutungen enthalten sind. Der Aufbau der Erfahrung, des Wissens und des Weltbildes muss analysiert und erkannt werden, wenn man ihn pädagogisch unterstützen und fördern will. In Schule und Unterricht werden solche Formen der Auseinandersetzung mit Wirklichkeit auf eine *methodisch-systematische Grundlage* gestellt. Vor allem der Sachunterricht versucht, Brücken zu schlagen zwischen der spielerischen Beschäftigung der Kinder mit der näheren Umgebung und der Bewältigung einer komplexen Wirklichkeit, die nicht allein durch selbsttätiges Probieren verstanden werden kann.« (Duncker & Popp 2004, 7; Hervorh. i. O.)

Bemerkenswert erscheint hier, dass sich als Aufgabe grundschulgemäßer Bildung weniger das Bereitstellen unbekannter Inhalte oder die Begegnung mit neuen Phänomenen ergibt, sondern eher das methodische und systematische Ordnen von Dingen, die sich bereits im Wahrnehmungshorizont der Kinder befanden oder gerade befinden können. Der Schwerpunkt liegt hier eher auf einem formalen als auf einem materialen Aspekt, also dem methodisch-systematischen Durchdringen von bereits Bekanntem. Gleichwohl besitzen die Inhalte natürlich ihre Bedeutung, weil die formal-methodische Brücke ja eine klärende Verbindung zu neuen Inhalten herzustellen vermag. Das von Duncker & Popp verwendete Bild einer Brücke illustriert diese

Grundvorstellung denn auch denkbar anschaulich.[7] Inzwischen wird diese Idee der Verbindung oder Vermittlung eher demokratisch umgedeutet, so dass die beschriebene Brücke als ein Ort der inhaltlichen und methodischen Aushandlungsprozesse zwischen den Generationen gesehen werden kann (vgl. Kiper 2013; Heinzel 2011).

2.2 Zweites Leitbild: Die Grundschule als Ort der Vorbereitung

Hellmich & Kiper dagegen distanzieren sich unter Verweis auf die neuere, tragende Konzeption der anschlussfähigen Bildung von den bekannten Ideen einer Vermittlungsschule, die ihnen als zu spielerisch und damit zu abgekoppelt von weiterführendem Lernen erscheint (vgl. Hellmich & Kiper 2006, 16). Sie positionieren sich damit eher in der Tradition des Strukturplanes von 1970, der eine klare Stufung des Bildungswesens vom Elementar- bis zum Sekundarbereich vorsah und in dem jede Stufe die Lernprozesse der folgenden Stufe vorzubereiten habe. »Wir stellen dar, dass der Elementarbereich und die Grundschule stärker als bisher, ausgehend vom Konzept ›anschlussfähige Bildung‹, Bildungs- und Lernprozesse anlegen muss, die ein erfolgreiches Weiterlernen in den sich anschließenden Einrichtungen ermöglichen.« (Hellmich & Kiper 2006, 9) Die paradigmatische Idee eines möglichst bruchlosen Anschlusses zu den weiterführenden Bildungseinrichtungen ist sicher ebenso bekannt wie einsichtig und stellt auf theoretischer Ebene eine sinnvolle Konsistenz und Unteilbarkeit von

7 Auf die Problematik der oft verwendeten Brückenmetaphorik hat dankenswerterweise Andreas Flitner bereits in den 1990er Jahren verwiesen (vgl. Flitner 1996). Es sei an dieser Stelle lediglich angemerkt, dass durch das Errichten einer Brücke in aller Regel, um im Bild zu bleiben, alle beiden Ufer in Mitleidenschaft gezogen werden.

Bildung her. Allerdings wird damit jede Bildungsstufe gleichsam in den Dienst der darauffolgenden institutionellen Phase gestellt und verliert notwendigerweise ihren Eigenwert. Zudem trägt die Grundschule als ein Ort der Vorbereitung auf die folgenden Schularten prinzipiell zu dem geschlossenen Charakter des Subsystems Schule bei, indem es die manchmal hermetische und lebensferne Position dieser Institution möglicherweise verstärkt. Die Grundidee von Vorbereitung unterstellt daneben auch eine gewisse Gleichheit und Konstanz der Bildungsvorstellungen über die einzelnen Schulstufen hinweg.

Die Leitvorstellung einer elementaren Allgemeinbildung, ob sie nun eher als Brücke zwischen spielerischem und schulischem Lernen, als Unter- oder Vorstufe explizit systematischen Unterrichtens oder als vorbereitendes Verbindungsglied hin zu weitgehend fachlich gedachter höherer Bildung gesehen wird, scheint also in vielen theoretischen und konzeptionellen Überlegungen zur Grundschule eine tragende Rolle zu spielen. Diese Idee findet sich auch in Günter Schorchs *Studienbuch Grundschulpädagogik*, worin er dankenswerterweise eine umfassende und systematische Bestimmung der grundschulspezifischen Fundamentalia unternimmt. Schorch identifiziert dabei die Grundschule erstens als grundlegende, zweitens als kindgemäße, drittens als erste und viertens als gemeinsame Schule. Mit diesen vier Bestimmungsmerkmalen lassen sich, folgt man Schorchs Argumentation, die Eigenart, Eigenständigkeit und Besonderheit der Grundschule über die bekannte Metapher der Brücke oder der Vorstufe hinaus zureichend beschreiben.

2.3 Drittes Leitbild: Die Grundschule als Ort erster Beschulung

Das Grundcharakteristikum *erste Schule* wirkt zunächst einmal ebenso einleuchtend wie offensichtlich, beinahe selbstverständlich. Allerdings erscheint dieses Merkmal, so zutreffend es zu sein scheint, aber doch letztlich willkürlich. Schließlich bedarf es eigentlich nur einer Gesetzesänderung, um dieses Alleinstellungsmerkmal auszuhebeln. Vielleicht genügt sogar ein einfacher Verwaltungsakt, um mit einem verpflichtenden Kindergartenbesuch oder einem Vorschuljahr für alle Fünfjährigen gleichsam eine neue erste Vorschulklasse zu schaffen. Diese würde dann, bei entsprechender curricularer Anbindung, gleichsam in die Rolle der ersten Schule schlüpfen und die bereits existierende Grundschule als obligatorische Erstinstitution ablösen. In diesem Zusammenhang wurde auf das Beispiel des *Hessischen Bildungsplanes* ja auch bereits hingewiesen. Aktuell kann dennoch konstatiert werden, dass die Grundschule gleichsam als Initialzündung für schulisches Lernen eine besonders herausgehobene Stellung einnimmt, als Inauguralinstitution in schulisches Lernen einführt und die bekannten Verschulungsprozesse beginnen lässt, die das Leben jeder Schulanfängerin und jedes Schulanfängers nachdrücklich neu ausrichten: Das systematische, allgemeine, verpflichtende, umfassende und auch leistungsorientierte Lernen, das sind die Spielregeln für die nächsten zehn bis zwölf Lebensjahre, die mit Beginn der Grundschulzeit festgelegt werden.

2.4 Viertes Leitbild: Die Grundschule als Ort gemeinsamer Beschulung

Das bekannte Charakteristikum des Gemeinsamen war ja von Beginn an ein ebenso wichtiges wie auch umstrittenes Spezifikum der Grundschule. Umstritten damals mit Blick auf die Dauer der gemeinsamen Beschulung und aktuell eher bei der Frage, ob wirklich alle Kinder in diese Schulform aufgenommen werden sollten, also auch Kinder mit sonderpädagogischem Förderbedarf oder mit nichtdeutscher Muttersprache. Diese Punkte sind eher der organisatorischen Besonderheit des bundesrepublikanischen Bildungswesens geschuldet. Hier sind vollausgebaute Gesamtschulen für die ersten sechs, acht, zehn oder gar zwölf Schulbesuchsjahre eben nur eher als Ausnahmen denn als Regelformen verwirklicht. Auf das Beispiel DDR wurde bereits verwiesen, in der eine zehnjährige gemeinsame Polytechnische Oberschule das Kriterium einer möglichst langedauernden gemeinsamen Schulzeit zu erfüllen versuchte. Daneben kann natürlich auch das immer noch bestehende Sonderschulwesen ins Feld geführt werden, welches die gemeinsame Beschulung zumindest deutlich relativiert; das hochdifferenzierte Sonderschulwesen neben den Regelgrundschulen darf auch als bundesdeutsche Besonderheit gelten. Als wirklich zentrales Bestimmungsmerkmal der Grundschule erscheint diese Gemeinsamkeit des Lernens daher nicht immer ganz überzeugend.

2.5 Fünftes Leitbild: Die Grundschule als Ort kindgemäßer Beschulung

Für die Grundschule scheint nun das Merkmal des Kindgemäßen absolut zentral zu sein und wird wegen dieses herausgehobenen Charakters denn auch im folgenden Exkurs gründlicher geklärt werden. Zunächst aber meint dieses Attribut doch nichts anderes, als dass eben Kinder die spezifische Klientel dieser Schulform sind und der Unterricht sich dementsprechend an ihrem Entwicklungsstand, ihren Dispositionen, Besonderheiten und Fähigkeiten zu orientieren habe, ihren Voraussetzungen, ihrem Fassungsvermögen, ihrer Belastbarkeit. Diese Orientierung an einer definierten Zielgruppe allerdings dürfte aber für fast jede Art von Schule gelten. Selbst eine Fahrschule sollte zumindest von ihrer Grundausrichtung her möglichst fahranfängergemäß vorgehen – so steht zumindest zu hoffen. Nachdem das Attribut *kindgemäß* aber derart häufig und bedeutungsvoll mit der Grundschule in Zusammenhang gebracht wird, soll dieses Kennzeichen in einem anschließenden Exkurs noch einmal gesondert geklärt werden.

2.6 Exkurs II: Kindgemäß – eine begriffliche Klärung

Die häufig benutzte Attribuierung *kindgemäß* scheint auf den ersten Blick selbsterklärend; dass damit aber eigentlich durchaus Unterschiedliches gemeint wurde, gemeint wird oder zumindest gemeint werden kann, das sei im Folgenden kurz umrissen.

Immerhin gilt dieses Charakteristikum ja von Anfang an als ein zentrales Moment der Grundschule, das immer wieder in den argumentativen Kontext eingebracht wurde und sicher bis in aktuelle Diskurse Einfluss behauptet: das Prinzip des *Kindgemäßen*, auf das im Vorhergehenden bei Schorchs Basismerkmalen von Grundschule auch bereits kurz eingegangen wurde, und das damit nicht nur einen zentralen Bezugspunkt für die pädagogische Arbeit innerhalb dieser Institution, sondern auch ein gleichsam unverzichtbares und ganz eigenes, genuines Merkmal genau dieser Schulform bereitzustellen versprach (vgl. Heinzel 2011).

Dementsprechend finden sich Hinweise auf dieses Spezifikum bereits in den preußischen Richtlinien zur Aufstellung von Lehrplänen, die 1921 auf der Basis des kurz zuvor verabschiedeten Reichsgrundschulgesetzes formuliert wurden und die inhaltliche und organisatorische Ausgestaltung des Unterrichts konkreter regelten. Diese Richtlinien dürfen als stilbildendes Vorbild für das gesamte Reichsgebiet der Weimarer Republik gelten. Die gemeinsame Grundschule wird hier fundamental und zentral als ein Ort »kindgemäßer und grundlegender Bildung« beschrieben (Zentralblatt für die gesamte Unterrichtsverwaltung in Preußen, 1921). Unter dem Prinzip der Kindorientierung oder Kindgemäßheit als gestaltungsmächtiger Leitlinie gilt das Kind aber in erster Linie als biologisch-genetisch definiertes Wesen. Es wird als ein Abstraktum gesehen, das durch seine generellen und allgemeinen Entwicklungsverläufe festgelegt ist, aber weder durch seine sozialen Aufwachsensbedingungen noch durch den zeittypischen kulturellen Kontext eine maßgebliche Beeinflussung und Modifizierung erfährt. Entscheidend für das Bild des Grundschulkindes sind in allererster Linie die von den reformorientierten Pädagogen und der zeittypischen Entwicklungspsychologie geprägten Fähigkeiten und Entwicklungsaufgaben, die seiner jeweiligen Altersstufe gemäß sind (vgl. Götz in Heinzel et al. 2011, 28 ff.):

> »Angesichts einer solchen Auffassung präsentiert sich die Kindorientierung als eine pädagogische Maxime, mit deren Einhaltung sichergestellt wird, dass alle schulischen Anforderungen und Maßnahmen der Befriedigung kindlicher Entwicklungsbedürfnisse dienen.« (Götz in Heinzel 2011, 29).

Gesellschaftliche und politische Rahmenbedingungen erscheinen mehr oder weniger vernachlässigbar und marginal. Diese starke Konzentration auf das reifungsbedingte Wesen und Werden des Kindes ohne Berücksichtigung der gesellschaftlichen und politischen Verhältnisse mag sich auch aus der vorherrschenden Politikabstinenz vieler deutscher Pädagogen erklären lassen. Im internationalen Vergleich verstanden sich zahlreiche Erziehungswissenschaftler wie John Dewey oder A. S. Makarenko dagegen ja ganz explizit als Verfechter einer bestimmten Staatsform und betrachteten diese apolitische Haltung der deutschen Pädagogen zumindest mit Unverständnis. Aus historischer Distanz erscheint dieser fehlende Blick auf die für die kindliche Entwicklung maßgeblichen sozialpolitischen Aufwachsensbedingungen umso bemerkenswerter, weil ja die primäre Rechtfertigung der Weimarer Grundschule eine *politische* war und diese gemeinsame Schulform auch in einem *politischen* Entscheidungsprozess errungen wurde. Die egalisierende Hoffnung auf eine gleichsam automatische demokratische Durchmischung und den dadurch möglichen Aufstieg der Tüchtigen kontrastierte mit einer Verkennung der sozialisationsabhängigen Voraussetzungen bei den Kindern. Die soziale Herkunft und die gesellschaftlichen Vorerfahrungen machten eben genau diese Mobilität weitgehend unmöglich, weil sie an dem bildungsbürgerlich definierten Ort *Schule* schichtspezifische Nachteile gleichsam zementieren.

Ihre erste wirklich substanzielle Neuorientierung erfuhr diese Gestaltungsmaxime dann in der Folge der sogenannten Bildungsreform nach dem Frankfurter Grundschulkongress im Jahre 1969. Eine Reihe empirischer Forschungsbefunde, die federführend von Heinrich Roth zusammengestellt wurden, belegte die deutliche Abhängigkeit der individuellen Begabungshöhe von den biographisch vorausgegangenen Lernprozessen, die eben wieder entscheidend durch das vorschulische und häusliche Anregungspotential und die gesamten lernbiographischen Vorerfahrungen geprägt wurden. Roths ebenso bekannte wie pointierte Aussage *Wir sind nicht begabt, wir werden begabt* hatte diesen lern- und begabungspsychologischen Paradigmenwechsel und diese Umorientierung ja auf eine medientaugliche Kurzformel konzentriert. Konsequenterweise musste aus der Grundschule dann eine Stätte möglichst vielfältiger und anspruchsvoller, wissenschaftlich legitimierter Lernprozesse werden, aus der das bisherige Selbstverständnis der Schule als *Ort der ruhig reifenden Kindheit* mit aller Entschiedenheit vertrieben werden musste. Analysiert man die Entwicklung in den 1970er Jahren allerdings genauer, so darf sie im Kern als eine neue Variante der bekannten Kindorientierung verstanden werden. Statt des kindlichen Entwicklungsstandes wurde nun die beinahe unbegrenzte Lern- und Förderfähigkeit des Kindes zur Bezugsgröße des Unterrichts. Auf didaktischer Seite sollte diesen kindlichen Möglichkeiten und Bedürfnissen das Prinzip der optimalen Passung entsprechen, also ein minimal vorauseilendes Lernangebot mit genau passender, anregungsreicher Diskrepanz zu den bereits erworbenen Kompetenzen und Kognitionen. Resümierend muss allerdings konstatiert werden, dass auch die Erkenntnis von der starken soziokulturellen Bedingtheit schulischen Bildungserfolges und die darauf aufbauenden vielfältigen kompensatorischen Fördermaßnahmen (z. B. die zahlreichen sogenannten Frühleserprogramme, oder das head-start-program in den USA) eher ernüchternde Ergebnisse brachten und die grundsätzlich überdeutliche Abhängigkeit und Verknüpfung von Bildungsabschluss und sozialer Herkunft nicht nachdrücklich aufzuheben vermochten (vgl. PISA 2001; PISA 2018).

Aktuelle Untersuchungs- und Theorieansätze zur Kindheitsforschung lassen einen weiteren, möglicherweise noch tiefergehenden Paradigmenwechsel erkennen, der zunächst einmal von der soziologisch inspirierten Kindheitsforschung munitioniert wird. An die Stelle einer wie auch immer betonten Orientierung am Kind als innerster Aufgabe von Grundschule – sei dieses nun entwicklungsgemäß oder lernpsychologisch von außen definiert – tritt die Idee einer Vermittlung zwischen den Generationen. Die eher einpolige Konzentration auf einen Akteur wird von der zweipoligen Vorstellung eines Vermittlungsprozesses abgelöst, bei der beide Seiten, hier Erwachsener/Lehrkraft und dort Kind/SchülerIn, als relativ autonome Akteure in grundsätzlich offene Aushandlungsprozesse über Lerngegenstände und Methoden eintreten. Unbestritten ist dabei, dass sich diese partizipativen Aushandlungsdiskurse zwischen den Generationen im Rahmen der bereits gesellschaftlich konstruierten und immer weiter ausdifferenzierten Rollenerwartungen vollziehen müssen (vgl. Heinzel 2011; eher kontrastiv dazu Bourdieu 2018).

Nicht ganz unproblematisch erscheint m. E. bei diesem Vermittlungsansatz der Begriff der Generationen, der eine terminologische Unschärfe zwischen professionellem Habitus und schlichter Genealogie mit sich bringt. Genauer gesagt: Wird die Lehrerin als Vertreterin einer abstrakten Bildungstradition verstanden, die mit der Vermittlung kultureller Elementaria beauftragt wurde, die weit über eine Generation hinausreichen, oder steht sie hier für eine echt biologische Erwachsenengeneration? Hierbei ist klar, dass innerhalb der Lehrerschaft mindestens zwei, vielleicht sogar drei klassische Generationen vertreten sein dürften. Davon abgesehen bleibt das grundsätzliche Verständnis des Grundschulkindes als relativ autonomem Akteur seines Handels und damit gleichberechtigtem Diskurspartner in der wissenschaftlichen Diskussion natürlich nicht unwidersprochen und steht in klarem Kontrast zu dem alten Bild eines eher schutz- und hilfsbedürftigen Wesens (vgl. Winterhager-Schmid 2013).

Wegen der Vielschichtigkeit des Begriffes lohnt es sich also durchaus, genau zu betrachten, was unter *kindgemäß* denn nun verstanden werden soll.

2.7 Sechstes Leitbild: Die Grundschule als Ort grundlegender Beschulung

Als letztes und damit gewichtigstes Spezifikum bleibt das Moment des Grundlegenden zu klären, welches Schorch als viertes Charakteristikum auflistet. Dieses Attribut taucht bereits 1921 in den preußischen Richtlinien auf und ist bis heute explizit oder implizit Bestandteil aller deutschen Lehr- oder Bildungspläne bzw. ihrer Präambeln. Für Lichtenstein-Rother und Röbe ist die Grundschule der geeignete Raum für eine *Grundlegung der Bildung*, worunter sie die grundlegende Vorbereitung der Kinder auf ein »humanes, wertorientiertes, selbstverantwortliches, individuelles und gesellschaftliches Leben« (Lichtenstein-Rother & Röbe 2005, 11) verstehen, also gleichermaßen eine Orientierung an den Erfordernissen der Gesellschaft wie an den ethisch verankerten Selbstbildungsbemühungen des Individuums. Ramseger et al. sprechen dagegen mit Blick auf grundlegende naturwissenschaftliche Kenntnisse von einer eher fachlichen Elementarbildung (vgl. Kucharz et al., 2011).

Wolfgang Einsiedler (2014) identifiziert vier notwendige Bestimmungsmomente für *Grundlegende Bildung:* Sie müsse immer als gemeinsame Bildung für möglichst alle Kinder dieser Altersgruppe gedacht werden, was ein egalisierendes Moment hinsichtlich der unterschiedlichen Eingangsvoraussetzungen einfordere; daneben sei sie zweitens als gemeinsamer Grundstock zu verstehen, eine Art Überblickswissen und aufs Wesentliche konzentriertes Wissen und Können, wobei eine Definition dieses Sockelniveaus als einheitliches oder differentes Fundamentum aktuell den gravierendsten und umstrittensten Diskussionspunkt darstellt. Drittens sei in der *Grundlegenden Bildung* der Beginn der Allgemeinbildung enthalten, also die Einführung in elementare geistige Grundrichtungen, in fundamentale Dimensionen des Weltverstehens. Damit grenzt Einsiedler sie terminologisch von einer *Grundlage der Bildung* ab. Bei der erstgenannten, der Grundlegenden Bildung, geht es viel stärker um grundlegende Kompetenzen, eine anwendungs- und lebensnahe Literacy etwa im sprachlichen, naturwissenschaftlichen und mathematischen Bereich, mit deren Hilfe dann die weitere Erschließung von Welt und ein aktives, selbstständiges Weiterlernen ermöglicht werden soll und die als Basis für die Fächer und wissenschaftlichen Disziplinen genutzt werden kann. *Grundlage der Bildung* stellt für Einsiedler demgegenüber noch keine wirkliche Bildung dar, sondern lediglich eine Vorstufe. Als viertes unverzichtbares Charakteristikum Grundlegender Bildung nennt Einsiedler noch die Stärkung der Persönlichkeit, die für die Lernmotivation und Interessenentwicklung als ganz wesentlich anzusehen sei.

Grundlegende Bildung versteht sich also als eine treffende Beschreibung des Grundcharakters von Grundschule, ihrer zentralen Aufgabe, ist ihr Bestimmungsmoment, trägt aber in ihrer Baustellen-Metaphorik einen leichten doppelten Makel: Zum einen bedeutet *grundlegend* ja auch unabgeschlossen, vorläufig, halbfertig, bedeutet Abhängigkeit vom weiteren Aus- und Überbau. Was darauf gebaut wird, bestimmt den Wert des Fundaments. Das reine Fundament ist zunächst einmal nutzlos und lässt kaum erkennen, ob darüber nun ein Hörsaal oder eine Kaserne errichtet werden soll.

Zum zweiten besitzt dieses Adjektiv aus dem Bauwesen etwas Statisches, etwas Fixiertes, etwas Abgrenzendes. Mit seiner Festlegung auf *grundlegend* wird eigentlich eine genaue Taxierung erforderlich, ob etwas jetzt noch Grundlegung oder schon Überbau darstelle. Dies dürfte natürlich auf eine ganz schul- und unterrichtspraktische Frage hinauslaufen. Denn dieses Attribut *grundlegend* oder *Grundlegung* generiert ja zwangsläufig permanente Diskussionspunkte, wo die Zuständigkeit dieser Schulstufe enden und an weiterführende Schulformen übergehen müsse.

Ganz zweifellos trifft *grundlegend* gerade auch mit seiner Vielseitigkeit, nicht nur Wissen, Können, Fachkompetenzen, sondern auch Persönlichkeit, Haltungen, Motivlagen, Herangehensweisen anzubahnen, den Kern der Primarschularbeit, sollte aber vielleicht stärker dynamisch verstanden werden. Also nicht als ein irgendwann abgeschlossener und gleichzeitig eben auch nur grundlegender Bestand von Kompetenzen und Kenntnissen, sondern eher als ein Aufzeigen von und Hineinbegleiten in Möglichkeiten der Weltbegegnung, die sich an dem ganzen Spektrum menschlicher Erfahrungs-, Gestaltungs- und Bewältigungsvarianten orientieren. Grundlegende Bildung gleicht also im besten Falle und in Nuce dem, was sich bereits Humboldt als Totalität und Universalität von Bildung zum Ziel gesetzt haben könnte.

Was also bleibt, beim resümierenden Blick, von diesen sechs postulierten Spezifika der Grundschule als wirklich eigenes und besonderes, als echtes und tragfähiges Alleinstellungsmerkmal?

Als konstitutiver Kern der Grundschule bzw. der Grundschulpädagogik und -didaktik lässt sich nach meinem Dafürhalten in erster Linie die *Grundlegende Bildung* identifizieren. Die anderen Spezifika, wie sie etwa Schorch, Heinzel oder Duncker beschreiben, stellen demgegenüber tendenziell eher ganz allgemeine Merkmale von Schule dar, oder sie sind an aktuelle administrative Vorgaben wie die Festlegung als *erste* Schule gebunden. Zudem lassen sich manche Aspekte, wie der der Vermittlung, der Vorbereitung oder der Brücke, relativ gut in die Leitvorstellung einer grundlegenden Bildung integrieren.

Ganz unabhängig jedoch davon, wie diese Bildung nun genauer benannt wird, ob Grundbildung, basale, grundlegende oder anschlussfähige Bildung oder Grundlegung der Bildung allgemein, so scheinen doch einige klärende Gedanken zum Begriff der *Bildung* selbst angebracht zu sein.

2.8 Exkurs III: Bildung – Lernen – Literacy – Kompetenz – Qualifikation? Ein Abgrenzungsversuch

Zunächst muss ganz allgemein überlegt und entschieden werden, ob der Bildungsbegriff überhaupt verwendet werden sollte. Schließlich wurde der wesentlich unverfänglichere, unbelastete, operationalisierbare und empirisch griffigere Begriff des *Lernens* zumindest zeitweise ab den 1960er Jahren in der pädagogischen Diskussion favorisiert und schien den schillernden, unbestimmten und oft normativ überladenen Begriff *Bildung* im Folgenden schon beinahe abgelöst zu haben (vgl. Einsiedler 2014). Ähnliches gilt für den Begriff der *Schlüsselqualifikationen*, der durch Dahrendorf und Mertens vor allem in den 1970er Jahren in die Pädagogik eingespeist wurde und ein umfassendes Bündel eher berufsbezogener, allgemeiner Einstellungen und Fähigkeiten wie Flexibilität, Kommunikation oder Sorgfalt zu beschreiben versuchte. In den letzten Jahrzehnten wurden diese Qualifikationen in ihren Ausprägungen auf der Subjektseite verstärkt als *Kompetenzen* beschrieben, die gegen den alten, stark wissenslastigen und sehr allgemeinen Bildungsbegriff in Stellung gebracht wurden. Der Terminus *Bildung* ist unter dieser Perspektive eher für einen übergreifenden Gesamtzusammenhang, also das allerletzte, große Ziel der individuellen Bildungsbiographie, reserviert (vgl. Duncker 2007). Daneben hat sich seit etwa 20 Jahren der aus dem anglophonen Raum adaptierte Terminus der *Literacy* etabliert, der sich ebenfalls als anwendungsorientierte und alltagsnahe Handlungsfähigkeit versteht. Im Folgenden soll daher versucht werden, diese unterschiedlichen Begrifflichkeiten zu erläutern und ihr Verhältnis und ihre strukturelle und inhaltliche Differenz gerade zur Bildung zu klären.

2.8.1 Bildung und Lernen

Im Zuge der Bildungsreform in den 1970er Jahren trat der Begriff des Lernens in nachdrückliche Konkurrenz zur traditionellen, stark geisteswissenschaftlich geprägten Vorstellung von Bildung. Lernen ließ sich definieren als relativ stabile Verhaltensänderung aufgrund von Erfahrung[8] und versprach damit, ganz im Sinne einer umfassenden Umorientierung der gesamten Schullandschaft hin zu stärkerer Wissenschaftlichkeit, einen überprüfbaren Zuwachs an Wissen und Können sichtbar zu machen. Lernen umfasst daher als ein ganz weiter und offener Begriff alle denkbaren Formen von beobachtbarer, nicht nur momentaner Verhaltensänderung, die auf irgendeinen sinnlichen Eindruck, ein empirisches Phänomen zurückgeführt werden können. Es ist offensichtlich, dass diese weitgehend neutrale Erfassung und Beschreibung von Effekten wegen ihrer deskriptiven Ausrichtung eher der Psychologie und weniger der Pädagogik in ihrem ethischen und normativen Grundcharakter zuzuordnen ist.

So verständlich der damalige Paradigmenwechsel von schwer fassbaren Bildungsvorstellungen hin zu klar operationalisierbarem Lernzuwachs erscheint, wird die strukturelle Unterschiedlichkeit der beiden Vorstellungen doch auch deutlich. Lernen ist natürlich eine Teilkomponente jedes Bildungsprozesses, bedarf aber in seiner Offenheit einer normativen und ethischen Rückbindung, die unverzichtbarer Teil jedes pädagogischen Auftrages ist. Ob ein Lerneffekt jetzt eher positiv oder negativ verstanden werden kann, bleibt während des wertneutralen Lernprozesses selbst noch vollkommen unentschieden. Sinnvolles und Gutes lässt sich ebenso effektiv erlernen wie Unsinniges oder Schlechtes, Mitgefühl und Verständnis scheinen sich genau wie Hilflosigkeit, Schmerz oder emotionale Abstumpfung durch Lernen dauerhaft erwerben zu lassen. Dass mit einer derart offenen Begrifflichkeit der Zweck und die Aufgabe von Pädagogik, von Erziehung und Bildung, ja selbst von Schule nicht erfüllt werden, dürfte einsichtig sein. Bildung im eigentlichen Sinne orientiert sich nämlich ganz zentral an der letztlich freisetzenden,

8 »Unter Lernen verstehen wir alle nicht direkt zu beobachtenden Vorgänge in einem Organismus, vor allem in seinem zentralen Nervensystem (Gehirn), die durch Erfahrung (aber nicht durch Reifung, Ermüdung, Drogen o. ä.) bedingt sind und eine relativ dauerhafte Veränderung bzw. Erweiterung des Verhaltensrepertoires zur Folge haben« (Krüger & Helsper, 2002, 97).

emanzipatorischen und verantwortlichen Hilfe zur Selbstwahrnehmung und Selbstgestaltung des Menschen (vgl. etwa Böhm 1997). Zudem bleibt zu fragen, ob Bildung möglicherweise auch relativ autonome Prozesse der Selbstreflexion und Selbstformung umfasst, die nicht direkt an sinnliche Erfahrung gekoppelt sein müssen. Diese rein mentalen, von sensualistischen Impulsen unabhängigen Selbstbildungsvorgänge könnten dann ja zumindest per definitionem grundsätzlich auch einem Menschen mit schwersten sinnlichen Beeinträchtigungen offenstehen, ja selbst einem vollkommen von der Außenwelt isolierten Patienten im Koma.

Lernen kann somit als wichtige Teilkomponente von Bildung gefasst werden, gleichzeitig aber auch als ein viel allgemeinerer und letztendlich häufig auch ungerichteter und zufälliger Vorgang. Schließlich finden Lernprozesse beinahe ununterbrochen statt, vor und neben der Schule und oft genug auch ohne ausdrückliche didaktische Intentionen, wie die leider etwas in Vergessenheit geratenen Überlegungen zum heimlichen Lehrplan schon vor Jahrzehnten bewusst zu machen versuchten (vgl. grundsätzlich Bernfeld 1981). Lernen ist also ein wertneutraler, ganz basaler Vorgang, der immer der pädagogischen und vielleicht auch der didaktischen Begründung und ethischen Rechtfertigung bedarf, um als Bildungsprozess verstanden werden zu können. Das Moment der Bildung, natürlich immer wieder beruhend auf Lernprozessen, integriert und überhöht durch sein integratives und heuristisches Potential gleichsam diese Lernleistungen und ermöglicht damit auch eine Mehrperspektivität und Eigenverantwortlichkeit des eigenen Denkens, Urteilens und Handelns. Das bedeutet, dass die Lebenswelt vom Individuum nicht mehr als undurchschaubar und unbeeinflussbar wahrgenommen und empfunden wird, sondern als mehr und mehr mitgestaltbar und veränderlich. Diese Gestaltbarkeit aber bezieht nicht nur die Ansprüche und das Wohlbefinden des Einzelnen ein, sondern berücksichtigt auch die Auswirkungen seines Tuns auf die natürliche, soziale und technisch geschaffene Umwelt. Damit wird ein Verständnis für die Relativität und Perspektivität der eigenen Sichtweisen vorausgesetzt oder zumindest angebahnt (vgl. Kahlert 2014).

Es soll an dieser Stelle keine fundamentale erkenntnistheoretische Diskussion darüber begonnen werden, ob ein wirkliches Sich-Hineinversetzen in andere Perspektiven überhaupt möglich oder denkbar ist. Sicherlich lässt sich immer darauf verweisen, dass alle Menschen bis zu einem bestimmten Punkt Gefangene ihrer eigenen Sichtweise sind und nur sehr beschränkt aus sich selbst heraustreten können. Die Möglichkeit oder Vergeblichkeit eines echten Perspektivwechsels dürfte zudem nicht nur von der Person, sondern auch stark von der Situation abhängen (vgl. etwa Speck 1991).

Immerhin wird durch dieses Bewusstsein eigener und fremder Sichtweisen ein Kriterium offeriert, welches trennscharf Gebildete von Ungebildeten zu unterscheiden vermag. Dass damit wiederum die Frage offenbleibt, ob Bildung durch dieses Kriterium eine irgendwie überprüfbare Kompetenz darstellt, sei nur am Rande angedeutet. Aber zumindest die Einsicht, dass die eigene Sichtweise nicht die einzig mögliche auf ein bestimmtes Weltphänomen ist, sollte als unverzichtbarer Grundbestandteil echter Bildung gelten.

Kößler fasst die entscheidenden Merkmale von Bildung gegenüber dem bloßen Lernen prägnant in drei Punkten zusammen: Das erworbene Wissen steht zum Ersten immer in einem kausalen Verstehenszusammenhang, bildet also nicht nur eine Addition von Fakten, es ist zum Zweiten motivational eingebunden und emotional besetzt und führt zum Dritten zu einer moralisch legitimierten Handlungsorientierung (vgl. Kößler 1997). Lernen, als ein genuin psychologischer Begriff, ist dagegen zunächst einmal nicht an irgendeine moralische und ethische Legitimation durch die Erziehungswissenschaft gebunden.

Gerade weil es in der Grundschule ja auch ganz zentral um eine permanente und ethische begründete Auswahl bildungswirksamer und tragfähiger Inhalte und um eine allgemeine Werterziehung gehen muss, soll hier dem aspektreichen, pluralistischen, aber auch unschärferen Begriff der Bildung gegenüber dem neutralen Terminus des Lernens der Vorzug gegeben werden.

2.8.2 Bildung und Literacy

Speziell nach der Veröffentlichung der ersten PISA-Studie im Jahr 2000/01 hatte sich ein neuer Begriff im erziehungswissenschaftlichen Diskurs etabliert, der sich vom klassischen Verständnis von Bildung zumindest in Deutschland klar abhob. Mit *Literacy* im engeren Sinne ist zunächst eine mühelose und alltagsnahe Lese- und Schreibkompetenz gemeint, im weiteren Sinne aber auch eine mathematische und naturwissenschaftliche Grundbildung (*mathematical* bzw. *scientific literacy*) in ihren spezifischen Ausprägungen. Damit ist ein viel pragmatischeres Verständnis von Bildung bezeichnet, welches sein Selbstverständnis und seine Aufgaben weniger aus abstrakten pädagogischen Vorgaben deduzierte, sondern eher aus den nüchternen Anforderungen des täglichen Lebens gewann. Der aus der angelsächsischen Erziehungswissenschaft übernommene Begriff der *Literacy* meint denn auch diese ganz alltagsnahe, beinahe selbstverständliche Verfügbarkeit von grundlegenden Kompetenzen, die für die allgemeine Lebensbewältigung notwendig sind und die zwar ein deklaratives und prozedurales Wissen, Reflexionsfähigkeit sowie die basalen Kulturtechniken mit einschließen, aber in ihrem postulierten Anwendungsbezug weit über diese hinausgehen. Diese Fähigkeiten wurden in den letzten Jahren auch als *Basiskompetenzen* der verschiedenen Fachbereiche definiert. Durch hierarchisch strukturierte Testaufgaben lassen sich diese Basiskompetenzen fassen, beschreiben und in skalierten Qualitätsstufen (meist fünf) einordnen. Bei dieser Einordnung ist gerade eine qualitative Ausweitung nach oben ausdrücklich mitgedacht (vgl. z. B. Bremerich-Vos et al. 2009b).

Grundsätzlich ist eine derartige Orientierung an den Alltagserfordernissen einer Zivilisation oder Kultur notwendig, vielleicht sogar überfällig, und wurde bei der üblichen Fixierung auf die Hochkultur und den traditionellen Stoffkanon sicher oft genug vernachlässigt. Das *lesende Entnehmen von Informationen aus einem Text* an Busfahrplänen, Beschwerdebriefen oder Quittungen einzuführen und zu üben, ist natürlich grundsätzlich nachvollziehbar und hat zunächst einmal eine andere Relevanzanmutung als Goethes Heidenröslein oder ein Drama Heiner Müllers. Die Einwände vor allem vonseiten der klassischen bildungstheoretischen Erziehungswissenschaft sind allerdings ebenfalls nachvollziehbar: Die Befürchtung nämlich, dass mit dieser verwendungssicheren Alltagsnähe das eigentliche Wesen von Bildung allzu sehr reduziert, banalisiert, utilitaristisch zusammengeschmolzen und in die Fesseln der Brauchbarkeit gelegt würde (vgl. Nießeler 2003).

Außerdem kann meines Erachtens die postulierte Lebens- und Alltagsnähe eher vermutet als bewiesen werden. Ob nämlich – wenn es etwa um *reading literacy* am Beispiel von Busfahrplänen geht – diese Schülerinnen und Schüler jemals in ihrem zukünftigen Leben einen derartigen Fahrplan lesen werden (oder jemals gelesen haben), darüber kann nur spekuliert werden. Vielleicht ist im Nahverkehr der Zukunft lediglich eine gewisse Zuhörkompetenz erforderlich, wenn man einer warmen und neutralen Stimme lauschen darf, die an der Haltestelle sanft und analphabetensicher die Abfahrtszeiten heruntersäuselt. Vom zukünftigen Leben unserer Schülerinnen und Schüler können wir, trotz aller pädagogischen Sorgfalt, eigentlich nur recht vage Vorstellungen haben.

2.8.3 Bildung und Kompetenzen

Aus der Kritik an den herkömmlichen Lehr-Lernzielen mit ihrer starken Fokussierung auf abfragbares Wissen hat sich in den letzten Jahrzehnten eine Verschiebung auf der Zielebene hin zu dem Begriff der Kompetenzen ergeben. Kompetenzen lassen sich nach der stilbildenden Definition von Weinert fassen als »die bei Individuen verfügbaren oder durch sie erlernbaren kognitiven Fähigkeiten und Fertigkeiten, um bestimmte Probleme zu lösen, sowie die damit verbundenen motivationalen, volitionalen und sozialen Bereitschaften und Fähigkeiten, um die Problemlösungen in variablen Situationen erfolgreich und verantwortungsvoll nutzen zu können.« (Weinert 2003, 27 f.). Statt trägem, unverbundenem Wissen, sei es jetzt deklarativ oder prozedural, sollen also vernetzte und flexibel einsetzbare Kompetenzen erworben werden (vgl. Einsiedler 2014).

Kompetenzen sind daher in ihrem Zusammenspiel von Wissen, Können und Wollen als umfassende und komplexe Fähigkeiten zu verstehen, die in problemhaltigen Situationen koordiniert angewendet werden können. Für die Festlegung und Auswahl dieser Kompetenzen sind dabei eine Orientierung an der Lebenswelt des Lernenden und eine Abstimmung auf seine Lernvoraussetzungen notwendig. Durch diese Vorgaben werden allerdings mehrere grundsätzliche und systematische Probleme erkennbar. Zum einen hat die Schule nur einen begrenzten Einblick in die Lebenswelt ihrer Schülerinnen und Schüler und ist auch nicht identisch mit dieser; was also für den Lernenden eine wirklich problemhaltige Situation darstellt, ist im Einzelfall sehr unterschiedlich. Zum zweiten sind wegen des raschen gesellschaftlichen und kulturellen Wandels die wirklich für die Zukunft lebenswichtigen Kompetenzen lediglich ungefähr prognostizierbar. Zum dritten dürften die heterogenen und vielschichtigen Lernvoraussetzungen der Kinder nur mit einem gewaltigen Aufwand an formeller und informeller Diagnostik festzustellen sein. Zum vierten schließlich kann Schule bei aller Individualisierung nicht auf objektive, von der Gesellschaft formulierte Kompetenzerwartungen verzichten – wie beispielsweise dem sinnentnehmenden Lesen eines Textes. Und schließlich sind diese beschriebenen Kompetenzen selbst als abstrakte Fähigkeitsdispositionen ganz generell nicht direkt erfassbar, sondern nur in ihrer Realisierung in konkreten Anforderungssituationen, also in ihrer Performanz. Vom Design der jeweiligen Anforderungssituationen wird diese situativ realisierte Performanz natürlich entscheidend abhängig sein. Die prinzipiell vorhandene Kompetenz eines durchschnittlichen mitteleuropäischen Erwachsenen zum Beispiel, 50 Meter weit schwimmen zu können, wird normalerweise unter Hallenbadbedingungen in eine recht ordentliche Performanz umgesetzt werden. Bei Titanic-Verhältnissen aber, also etwa zwei Grad Wassertemperatur, in

Dunkelheit, mit Sog und Strömung, im Cocktail-Kleid und nach einem magenfüllenden Sieben-Gänge-Menü, dürfte diese Performanz deutlich bescheidener ausfallen.

Daher können Kompetenzerwartungen immer nur das beschreiben, was die Lernenden unter bestimmten Bedingungen an Performanz zeigen sollen. Je abstrakter und allgemeiner diese Erwartungen formuliert werden, desto ungenauer sind sie operationalisierbar. Der übergeordnete und extrem diffuse Bildungsstandard *Über Schreibfertigkeiten verfügen* beispielsweise muss für seine unterrichtliche Brauchbarkeit stark spezifiziert werden. Je konkreter und detaillierter diese Erwartungen formuliert werden, desto isolierter, enger und weniger transferierbar muss dann andererseits die Performanz ausfallen. Irritierenderweise erinnern gerade die in den Lehrplänen ziemlich prägnant formulierten Kompetenzerwartungen stark an die psychomotorischen Lehr-Lernziele, die vor allem zu Hochzeiten der lernzielorientierten Didaktik Anfang der 1970er Jahre als Handlungsziele gesetzt wurden. Die damals favorisierten Lernziele waren in kognitive, affektive und pragmatische bzw. psychomotorische Lernzielbereiche unterteilt (vgl. Schröder 1996; Westphalen 1985).

Eine sehr detaillierte und differenzierte Kleinarbeitung der verschiedenen Kompetenzbereiche führt zudem zu einer unvermeidlichen Unübersichtlichkeit und Fülle. Allein die dem bayerischen LehrplanPlus von 2014 zugrundeliegenden Kompetenzstrukturmodelle führen zu Hunderten von einzelnen Teil- und Subkompetenzen.

Trotz dieser Bedenken und Einwände hat sich der Output-orientierte Kompetenzbegriff in der Fachwissenschaft und allen föderalen Lehr- und Bildungsplänen der Bundesrepublik etabliert und stellt dabei inzwischen ganz zweifellos einen wichtigen, integralen und zentralen Bestandteil schulischer Bildung dar. Damit scheint der Gedanke naheliegend, dass statt von Bildung besser von einem umfassenden Bündel verschiedener Kompetenzen zu sprechen sei. Trotzdem bleibt noch ein schwer zu beschreibender Unterschied und Mehrwehrt zu dem, was unter Bildung verstanden werden muss. Bildung im Sinne von *Sich-selbst-eine-Form-geben* leistet darüber hinaus etwas schwierig Fassbares oder Beschreibbares. Sie ermöglicht einen kaum quantifizierbaren Output, nämlich die Integration all dieser Kompetenzen, ihre Auswahl und Struktur, in der Summe eben mehr als die Addition der einzelnen Kompetenzbereiche; genau das eben, was traditionellerweise als Bildung beschrieben wird. Diese Fähigkeit wiederum als Integrationskompetenz zu beschreiben, erscheint dann doch fast als tautologisch – oder gar als banal.

2.8.4 Bildung und (Schlüssel-)Qualifikation

Dem Begriff der *Kompetenz* auf der Subjektseite entspricht auf der Objektseite der Begriff *Qualifikation*. Der Kompetenz beispielsweise, Kindern möglichst gesund auf die Welt zu helfen, entspricht die objektive Qualifikation als GeburtshelferIn. Qualifikation oder Schlüsselqualifikationen als Antwort auf konkrete Anforderungsprofile erlebten in der Erziehungswissenschaft seit den 1970er Jahren eine Hochkonjunktur, auch hier wieder in Abgrenzung zum unschärferen und viel kritisierten Bildungsbegriff. Herrmann Giesecke fasste diese Differenz zwischen offener Bildung und enger geschnittener Qualifikation in die doppelte Terminologie von Bildungs- und Handlungswissen zusammen. Auch Ludwig Duncker weist in ähnlicher Weise nachdrücklich auf die permanente Zwiespältigkeit zwischen engem und weitem Bildungsbegriff hin und verwendet seinerseits dafür eine verwandte duale Begrifflichkeit, nämlich Bildung und Qualifikation. An späterer Stelle ordnet er diesen beiden Begriffen die polaren Bezugspunkte Kultur und Gesellschaft zu. Bildung ziele auf das Hineinwachsen und Sich-Einlassen mit Kultur ab, wohingegen sich der einfacher und konkreter zu fassende Begriff der Qualifikation als die Vorbereitung auf die Anforderungen des gesellschaftlichen Lebens und der Berufswelt beschreiben lässt. Dabei bleibt letztlich natürlich oft fragwürdig, ob es sich um wirklich benötigte Fähigkeiten und Kompetenzen handelt oder um einen bloßen Kriterienkatalog zur gesellschaftlichen Vorselektion und Allokation.[9] Während Bildung also als ein dynamischer, individueller, unabschließbarer Prozess der Selbstformung angesehen wird, gilt die (Grund-)Schule in bildungssoziologischer Tradition als ein Subsystem der Gesamtgesellschaft, welches durch die Vermittlung von Qualifikationen seinen stabilisierenden Teil zum Erhalt des Gesamtsystems beizutragen habe (vgl. Parsons 1979; kritisch dazu Bourdieu 2018).

Allerdings schienen diese Funktionsmodelle, wie alle Modelle, ein wenig simplifizierend. Erstens lässt sich Erhalt ja durchaus dynamisch auch als Veränderung und Weiterentwicklung begreifen, während längerer Stillstand den Tod bedeuten würde, also eher als eine ewige Dialektik von Ruhe und Neubeginn, von Statik und Dynamik, vom Selbsterhalt gerade durch Verwandlung. Zweitens übersieht die funktionale Positionszuschreibung von Schule, die sie als Subsystem im stabilisierenden Dienst der (bildungsbürgerlichen) Gesellschaftssicherung betrachtet, dass sich ein subalternes Verhältnis oft genug unter der Hand in ein dominantes zu verwandeln vermochte.[10] Gerade unsere moderne Leistungsgesellschaft scheint sich doch in vielen Bereichen den Spielregeln der Erfolgsinstitution (Grund-)Schule unterworfen zu haben. Dem ebenso bekannten wie meist im umgekehrten Sinne verwendeten Seneca-Zitat »Non vitae, sed scolae

9 Ob ein Zahnmediziner seine im Gymnasium erworbenen sportlichen und theologischen Kompetenzen im Kurzstreckensprint und zum Dekalog während seiner professionellen Tätigkeit wirklich benötigt, dürfte in erster Linie von der Qualität seiner Berufsausübung abhängen. Ein extremes Beispiel von rein meritokratischer Selektion stellte wohl die Auswahl der Staatsbeamten im kaiserlichen China bis 1905 dar, bei dem in einer hierarchisierten Abfolge von Prüfungen geeignete Kandidaten für die höchsten Laufbahnen ausgesucht wurden; die Prüfungsaufgaben bestanden zum guten Teil aus wortwörtlicher Reproduktion und vorgegebener Exegese konfuzianischer Texte, die mit der späteren Verwaltungstätigkeit in keinerlei Zusammenhang standen.

10 Auf das ausgesprochen prägnante Beispiel der ägyptischen Mamluken sei nur kurz verwiesen; immerhin arbeiteten sich diese verschleppten Militärsklaven über Jahrhunderte hinweg zu Herrschern des Nilreiches empor.

discimus« (Nicht für das Leben, für die Schule lernen wir) lässt sich kaum widersprechen. Die durchgehende Pädagogisierung und Verschulung weiter Lebensbereiche wird ja auch in der Fachwissenschaft immer wieder kritisch diskutiert und als weiteres Indiz für die allgegenwärtige und geradezu kolonialistische Macht der Institution Schule gesehen (vgl. etwa Giesecke 1999). Die simple Vorstellung von Schule, dass sie ausschließlich als eine dienende, unidirektional wirkende Qualifizierungsinstitution zu sehen sei, wird unter diesem Verständnis zumindest ergänzungsbedürftig. Schule wirkt eben nicht nur in eine einzige Richtung, nämlich zur stabilisierenden Reproduktion von Gesellschaft und ihren Strukturen, sondern überträgt ihre Spielregeln und Mechanismen in umgekehrter Richtung auch auf die sie umgebende Gesellschaft.

Im Unterschied zu Qualifikation meint Bildung für Duncker – in Anlehnung an Hans-Georg Gadamer – einen letztlich individuellen Prozess zunehmender Nachdenklichkeit und Selbstreflexivität, eine autonome Kulturaneignung, ein Heraustreten aus sich selbst und Überschreiten der eigenen Grenzen, ein Wahrnehmen des Anderen und Von-sich-selbst-Absehen-Können (vgl. Duncker 2007, 20).

2.8.5 Oder doch wieder – Bildung?

Bei einem zusammenfassenden Überblick über die interpretatorischen Spielarten von Bildung lassen sich zunächst einmal, in rabiater Verkürzung, natürlich zwei konträre Vorstellungen unterscheiden; die individuelle und allseitige Selbstbildung, wie sie Wilhelm von Humboldt vorschwebte, oder die institutionalisierte, kanonisierte Vermittlung klassischer Wissens- und Könnenskomponenten in einer Art (Aus-)Bildungsphase. Das erste Extrem meint das menschliche Bemühen, sich selbst eine Form zu geben, also ein weitgehend autopoetischer, von außen nur sehr indirekt zu beeinflussender, ewig unabgeschlossener Prozess. Es handelt sich um eine lebenslange Aufgabe, über deren Gelingen und Misslingen im Grunde nur das beteiligte Subjekt selbst zu befinden vermag. Damit ist nicht bestritten, dass Bildung natürlich in der sozialen Interaktion gewonnen wird, dort zudem von den anderen bewertet und reflektiert wird und sich bewährt. Damit ergibt sich ihr Stellenwert gerade auch aus der Relevanz für andere und für die Gesellschaft – wie Bildung etwa auch einen Teil dessen beschreibt, was für Aristoteles ein geglücktes und sozial verantwortliches Leben ausmacht. Aber obwohl diese Selbstbildung vom Urteil des Umfeldes mitgetragen wird, ist trotzdem nur das Individuum selbst imstande, ein Resümee zu ziehen, die eigenen Möglichkeiten, Anstrengungen und Ressourcen wirklich einzuschätzen, ein befriedigendes Fazit beim Blick auf die eigene, ewige Unvollkommenheit ziehen zu können.

Daneben mag der Mehrwert von Bildung gegenüber der bloßen Qualifikation auch als ein Aufgeschlossen-Sein für alles Wahre, Gute und Schöne formuliert werden, wie es die bayerische Verfassung in Worte fasst, oder mit Johann Wolfgang von Goethe als Auf-seine-Art-Grieche-sein beschrieben werden.[11] Es findet sich aber auch die schlichte Fähigkeit, Glück wahrzunehmen, was bei Hartmut von Hentig eine Facette von Bildung ausmacht, oder Bildung wird als »Aneignung und Auseinandersetzung mit dem die Menschen gemeinsam Angehende« (Wittenbruch 2008, 2) beschrieben. Dass dabei sowohl der Prozess wie auch das Ziel als »Bildung« bezeichnet werden können, macht den Terminus inhaltlich noch unbestimmter – es liegt also ein Phänomen vor, das bei aller Faszination immer vage und willkürlich bleibt, kaum von außen erreichbar und herzustellen ist, das schwer lokalisierbar und noch schwerer beurteilbar erscheint.

Kurz, es handelt sich um ein ebenso reales wie schwer greifbares Phänomen, für das die Geisteswissenschaft in den letzten beiden Jahrhunderten ein Konglomerat von beeindruckender Bildmächtigkeit zusammengetragen hat: Bei Martin Wagenschein wird diese Idee in die Vorstellung eines sich immer weiter aufbauenden Wissenskristalles gebracht, der schließlich eine Selbstbildung und Selbstformung ermöglicht, die Wagenschein als *formatio* bezeichnet, und die

11 »Jeder sei auf seine Art ein Grieche! Aber er sei's.« (Goethe 1994, 176)

sowohl produktive Findigkeit und tiefe Verwurzelung *(enracinement)* wie auch kritisches Vermögen beinhaltet (vgl. Wagenschein 2010).

Unter der anderen, viel praktikableren und vielleicht auch banaleren Gegenposition wird Bildung konkretisiert in enzyklopädischer Vielwisserei oder einem klassischen Kanon erwartbarer Fähigkeiten, notwendigen Wissens und zentraler Kompetenzen. Dieser Bildungskanon muss, zumindest in demokratischen Staaten, immer wieder in gesellschaftlichen Diskursen neu ausgehandelt und bestimmt werden, bevor er in einem Lehr- oder Bildungsplan quasi als konzentrierte Kulturgrundlage mit »rechtsverbindlichem Charakter« an die nächste Generation weitergegeben werden kann (Neuhaus-Siemon 2014, 331; vgl. Keck & Ritzi 2000). Vorläufer der aktuell gebräuchlichen Lehrpläne sind bereits im 16. Jahrhundert zumindest regional eingeführt worden, wobei sie sich zunächst an den mittelalterlichen *septem artes liberales* orientierten und im Lauf der Jahrhunderte je nach Notwendigkeit modifiziert wurden, in aller Regel nach den Vorgaben der Obrigkeit (vgl. Dolch 1982; Kiper 2013). Unabhängig von den jeweiligen Details darf diese Art von Bildungsteuerung nach fast einem halben Jahrtausend als echtes Erfolgsmodell bezeichnet werden. Ohne diese definierte Summe von Kenntnissen und Kompetenzen wird der Einzelne notwendigerweise als mehr oder weniger ungebildet oder zumindest schlecht gebildet gelten müssen. Für die Schule ergibt sich gegenüber der ersten Spielart von Bildung der beinahe lebenswichtige Vorteil, dass dieser Kanon überprüf- und attestierbar ist, auch wenn er sich immer wieder flexibel den Notwendigkeiten der Zeiten anzupassen hat. Die zu Beginn der flächendeckenden Beschulung, also zu Beginn des 19. Jahrhunderts, für die höhere Bildung unerlässlichen klassischen Sprachen wie Hebräisch, Altgriechisch oder Latein wurden dementsprechend im Laufe der Industrialisierung durch Naturwissenschaften, Informatik, Wirtschaftswissenschaften und moderne Fremdsprachen wie Französisch oder Englisch ergänzt oder ersetzt.

Auf den Punkt gebracht: Der offene, weite, ursprüngliche und pädagogisch faszinierende Bildungsbegriff bleibt schwer überprüfbar, höchst individuell und verschließt sich ärgerlicherweise vielleicht sogar hartnäckig und permanent den Fixierungen der Institution

Schule. Der engere, pragmatische Bildungsbegriff droht dagegen in ein starres, lebensfernes und disziplinierendes Sammelsurium aktuell erwartbarer und verwertbarer, nützlicher Kompetenzen und Wissenskomponenten zementiert werden zu müssen.

Dementsprechend sieht Duncker die beiden Begriffe Bildung und Qualifikation in einer unauflösbaren Dichotomie, deren beide als notwendig angesehenen Pole höchstens in ein fruchtbares Spannungsverhältnis gebracht werden können (vgl. Duncker 2007).

Grundsätzlich allerdings lässt sich natürlich an dieser Stelle fragen, warum sich die im Kontext von Bildung angestrebten und beschriebenen Prozesse zunehmender Nachdenklichkeit und Selbstreflexivität, dieser »*Habitualisierungsprozess*, in dem es darum geht, Erfahrung zu überschreiten und über den Prozess der Kulturaneignung den eigenen Horizont zu erweitern« (Duncker 2007, 20), warum sich all diese offenen und vielfältigen Bildungsprozesse nicht auch beim Erwerb der qualifizierenden Kompetenzen anstreben und erreichen lassen. Vielleicht können es sogar gerade die geforderten Qualifikationsleistungen und Kompetenzerwartungen sein, die selbstbildende Impulse auslösen. Schließlich scheint die notwendige Anpassung an das Leben und seine teilweise brachialen Herausforderungen von Anfang an eine mächtige Triebfeder bei der Entwicklung von Nachdenklichkeit, von Perspektivwechsel, von Kultur und Zivilisation gewesen zu sein.[12] Entscheidend dabei wäre allerdings, dass diese Qualifikationen nicht blind und mechanisch vermittelt[13], eingeübt

---

12 Der auf Kant zurückgehende Gegensatz zwischen Kultur und Zivilisation soll hier nicht explizit reanimiert werden. Selbst die Reduzierung von *Civilication* auf äußere Formen von Höflichkeit und Umgänglichkeit beinhaltet das Grundmotiv von Kultur, nämlich ein selbstreflektives Überformen des Alltäglichen – ein In-die-Form-Bringen sozusagen; und genau das meint Bildung im ursprünglichen Sinn.

13 Inwieweit *Vermittlung* jetzt wirklich als Vermittlung zu verstehen ist oder als etwas Ähnliches oder auch etwas ganz Anderes, soll im folgenden Kapitel 2.9 geklärt werden; aktuell sei dieser Begriff einfach in aller Unschuld verwendet.

und angewendet werden, sondern dass im Zuge ihrer Vermittlung auch über ihren Sinn, Zweck und Stellenwert, ihr Potential, ihre ethische Rechtfertigung und ihre sozialen Folgen nachgedacht werden kann. Damit wären, wegen der Einseitigkeiten und offensichtlichen Defizite beider Extrempositionen, Aspekte von beiden Seiten in das Verständnis von *Grundlegender Bildung* mit eingeflossen und berücksichtigt, nämlich die individuellen und subjektiven Facetten der klassischen Bildung ebenso wie die gesellschaftlich geforderten, standardisierten und sozial eingebundenen Könnens- und Wissensstrukturen, quasi der kulturelle Konsens der Gesellschaft (vgl. Lederer 2015).

Dies klingt möglicherweise harmonistisch oder überzogen und soll daher an späterer Stelle noch genauer erläutert und konkretisiert werden.

Insgesamt spricht die Renaissance des Bildungsbegriffs in den letzten Jahren jedenfalls dafür, dass das blanke *Lernen* für die Legitimation schulischer Aufgaben zu allgemein und unspezifisch, das *Qualifizieren* zu eng und utilitaristisch gedacht war.

Als Resümee dieser Überlegungen zu den unterschiedlichen Begrifflichkeiten kristallisiert sich endlich doch heraus, dass als tragfähige Basis die umfassendere und offenere Vorstellung von Bildung beibehalten werden soll, trotz all ihrer Unschärfen. In Bezug auf die Grundschule wird hier von *Grundlegender Bildung* zu sprechen sein. Im Folgenden bleibt zu untersuchen, wo sich diese Idee Grundlegender Bildung in dem skizzierten Dilemma zwischen ziemlicher vager, unbestimmter Selbstbildung und fixiertem Qualifizierungs- und Kompetenzkanon zu platzieren vermag, oder ob die Idee einer Grundlegenden Bildung vielleicht sogar zu einem gewissen Maße diese schwierige und kraftraubende Dichotomie zu überwinden vermag.

Aus dem skizzierten Bildungsverständnis ergibt sich die Zielsetzung der Grundschule, dass sie nämlich kulturelle Grundfähigkeiten vermitteln oder zumindest soweit einen Einblick in diese Grundlagen ermöglichen sollte, dass auf dieser Basis eine weiterführende, selbstgesteuerte Weltaneignung stattfinden kann. Sie zielt also auf eine intellektuelle Selbstständigkeit und Selbstvergewisserung, auf ein Mündigwerden, auf Partizipation und Emanzipation, konstituiert ein aufklärerisches, normatives Element von Mündigkeit, welches ethisch verankert ist (vgl. Einsiedler 2014). Soll dieses Ziel erreicht werden, ergibt sich natürlich die Frage nach dem Weg dorthin und damit auch nach dem Grad der Vermittlung, der Möglichkeit von Steuerung. Es stellt sich also die grundsätzliche erkenntnistheoretische Frage, ob überhaupt irgendetwas gezielt weitergegeben werden kann oder ob alles immer wieder neu erworben, entdeckt, selbst gefunden und konstruiert werden muss.

Dieser didaktischen Grundfrage nach dem aktuell vieldiskutierten Verhältnis von Konstruktion und Instruktion sei daher an dieser Stelle kurz nachgegangen.

2.9 Grundlegende Bildung als autopoetischer Prozess

Nachdem im Zusammenhang mit Grundlegender Bildung immer wieder von einem kulturellen Grundkanon, von basalem Wissen und Kompetenzen gesprochen wurde, erscheint ein knapper Einschub angebracht zu sein, um möglichen Missverständnissen vorzubeugen. Wie also soll diese Grundlage in den SchülerInnen entstehen: Handelt es sich um Vermittlung, Anleitung, Instruktion, Konstruktion, Ko-Konstruktion, um einen autopoetischen Vorgang?

Konsens besteht sicher darüber, dass eine simple außengesteuerte Weitergabe und Unterweisung, bei der die Inhalte in der Art und Weise des *Nürnberger Trichters* in den Verstand der Schüler zu gelangen haben, nicht möglich ist und höchstens von einem inneren Zirkel überzeugter Behavioristen ernsthaft angenommen werden konnte.[14] Konsens besteht sicher auch darüber, dass so etwas wie eine eindeutige Fixierung der Ziele und Ergebnisse im Grunde unmöglich garantiert werden kann und dass Schule immer nur kulturelle Angebote bereitzustellen vermag, die angenommen oder auch verworfen werden können (vgl. Einsiedler 2014; Möller 2012). Aktuelles lernpsychologisches und erkenntnistheoretisches Paradigma für diese Vorstellung ist zweifellos der Konstruktivismus, dessen Kernthesen sich prägnant zuspitzen und formulieren lassen:

- Jedwede Ausformungen menschlicher Erkenntnis sind eigenständige Konstruktionsprozesse.
- Sie können von außen nur indirekt durch Perturbationen beeinflusst, aber nicht wirklich gesteuert werden.
- Über ihre Weiterentwicklung, ihren Wert und Nutzen jedoch sind nicht Wahrheit oder Korrektheit ausschlaggebend. Entscheidend ist lediglich ihre Viabilität für das lernende Subjekt selbst.

Mit Viabilität ist nichts Anderes gemeint als ihr binnensystemischer, subjektiver Nutzen, ihre Nützlichkeit und Lebenstauglichkeit. Damit wird zwar das Individuum in erheblichem Maße als ein autopoetisches, sich selbst ausbalancierendes und seine Wirklichkeit konstruierendes System gesehen. Die Existenz einer unabhängig davon existierenden, objektiven Realität wird aber nicht in Frage gestellt, wie dies etwa die Vertreter des philosophischen Solipsismus tun –

---

14 Der *Nürnberger Trichter* zum raschen und reibungslosen Erlernen der Dichtkunst dürfte, als ein Einfall des *Pegnesischen Blumenordens* und seines Gründers Georg Philipp Harsdörffer, vielleicht auch eher als dichterischer Fingerzeig denn als anwendersichere poesiepädagogische Handlungsanweisung verstanden worden sein. Und dass Goethe seinen Doktor Faust »Was du ererbt von Deinen Vätern, erwirb es, um es zu besitzen« sagen lässt, ist doch ein ganz unmissverständlicher Hinweis darauf, dass das bloße Weitervererben in jedem Fall als vollkommen unmöglich angesehen wird, ganz gleich, ob es um materiellen Besitz oder um Kenntnisse geht. Aktiv erworben muss es sein!

auch wenn von dieser Realität, wie schon René Descartes unwiderstehlich sinnierte, im Zweifelsfalle nur der Zweifel selbst wahrhaft übrig bleibt (vgl. Glasersfeld 1996).

Nachdem die parallele Existenz eine Vielzahl selbstkonstruierter, nur durch unscharfe Perturbationen beeinflussbarer Wahrheiten für eine Institution wie die Schule den größten anzunehmenden Unfall darstellen dürfte, den didaktischen Super-GAU sozusagen, hat sich in den letzten Jahrzehnten der sogenannte didaktische oder moderate Konstruktivismus neben dem radikalen Konstruktivismus etabliert. In diesem didaktischen Konstruktivismus wird ein symbiotisches Nebeneinander von Konstruktion und Instruktion propagiert, das mit seinen Forderungen nach *vielfältigem und reichhaltigem Anregungspotential* zwar den pädagogischen Mainstream bedient, manchmal aber ebenso konventionell und unbestimmt wie unbefriedigend wirkt und den unangenehmen Konsequenzen einer konstruktivistischen Erkenntnistheorie eher aus dem Wege geht (vgl. Reich 2012). Die Frage, inwieweit sich ein so klarer und radikaler Ansatz wie der Konstruktivismus zu einer didaktisch nutzbaren und gemäßigten Soft-Variante domestizieren lässt, soll hier nicht im Einzelnen thematisiert werden. Die daraus gezogenen Folgerungen und die vorgestellten Umsetzungsmöglichkeiten präsentieren sich aber oftmals als nicht ganz unproblematisch.

Was aber geklärt werden soll und muss, das ist das Verhältnis der oft als komplementär gesehenen Vorgänge Konstruktion und Instruktion.

Daher ein paar kurze Anmerkungen zum Verhältnis von Konstruktion und Instruktion, nachdem diese beiden Begriffe in der aktuellen Didaktik ja eine ganz maßgebliche Rolle zu spielen scheinen. Konstruktivismus einerseits und direkte Instruktion andererseits wollen etwa Reinmann-Rothmeier & Mandl nicht als jeweilige, sich gegenseitig ausschließende *Alles-oder-Nichts-Prinzipien* verwirklicht sehen, sondern als gegenseitige Ergänzung, also beispielsweise als eine instruktionsgeleitete Anregung von eigenständigen Konstruktionen und Lernprozessen. Das Ziel eines gelungenen Unterrichts sei dabei, »eine Balance zwischen expliziter Instruktion durch den Lehrenden und konstruktiver Aktivität zwischen den Lernenden zu finden.« (Reinmann-Rothmeier & Mandl 2001, 627). Einsiedler schlägt in vergleichbarer Weise hier ein »Pragmatisches Modell der Verbindung von konstruktivistischer Didaktik und lehrorientierter Didaktik« (Einsiedler 2014, 363) vor, in dem sich quasi die beiden Antipoden ausbalancieren und ergänzen. Eine Zunahme konstruktivistischer Elemente, die den Fokus auf Lernaktivitäten und eigenständige Wissenskonstruktionen legen, würde damit gleichzeitig eine Reduktion der instruktionalen Anteile nach sich ziehen, die ihr Augenmerk eher auf lehrorientiere Unterrichtsphasen richten, also durch die Lehrkraft angeleitete und gesteuerte Wissens- und Erkenntnisvorgänge.

Allerdings ist zu fragen, ob damit nicht ein umfassendes Grundcharakteristikum jeder ernsthaft und konsequent akzeptierten konstruktivistischen Erkenntnistheorie verkannt wird. Grundsätzlich nämlich ist offensichtlich, dass eine direkte Instruktion aus konstruktivistischer Sicht ganz undenkbar erscheint, weil jede Form einer Einwirkung auf das lernende Subjekt ja bei diesem nur als unscharfe Irritation ankommen kann. Sie können – bleibt man dem konstruktivistischen Denkmodell treu – nichts anderes sein als Perturbationen, die wiederum in einem eigenständigen konstruktivistischen Akt in die jeweilige subjektive Erkenntniskonstruktion eingebaut werden können. Es ist also, konstruktivistisch gesprochen, vollkommen unmöglich, nicht zu konstruieren, nachdem sich jede noch so instruktional gemeinte Anweisung von außen unweigerlich im instruierten Subjekt in ein konstruktives Element verwandelt. Umgekehrt aber ist auch jede noch so offene konstruktivistische Lernumgebung natürlich besetzt mit unzähligen instruktionalen Impulsen, die zu einem bestimmten Umgang auffordern, aber vom Individuum jetzt als viabel in die eigenen Konstruktionen eingebaut, modifiziert oder eben auch ignoriert werden können.

Kornelia Möller weist dementsprechend dankenswerterweise auf ein differentes oder zumindest modifiziertes Verhältnis dieser beiden zentralen Termini hin, wenn sie von einer Konstruktion gerade durch Instruktionen spricht (vgl. Möller 2012). Damit sei nur noch einmal betont, dass die konstruktivistische Lern- und Erkenntnistheorie keinen quasi neuen, veränderten Weg menschlicher Erkenntnis aufzeigt, sondern lediglich ein neues oder vielleicht auch nur wiederentdecktes, aktualisiertes *Verständnis* von menschlicher Erkenntnis. Wenn es ein Grundmerkmal des Menschen ist, eigenaktiv zu lernen und zu erkennen und dabei mehr oder weniger autonome Konstruktionen seiner selbst und seiner Wirklichkeit zu schaffen, dann haben Menschen das schon vor tausend oder zehntausend Jahren ebenso getan und werden es auch weiterhin tun, ganz unabhängig davon, ob ihnen die konstruktivistische Didaktik ihr Plazet dazu gibt. Dies sei in aller Deutlichkeit angemerkt, um klarzumachen, dass sich aus einer philosophischen und erkenntnistheoretischen Position oder Neuinterpretation nicht automatisch pädagogisch-didaktische Handreichungen herleiten lassen. Unbestritten kann im Unterricht natürlich eine Ermutigung zu und Verstärkung von eigenständigen Konstruktionen angestrebt werden, aber wie genau diese Impulse jetzt ankommen, das eben ist, konstruktivistisch gesprochen, weitgehend arbiträr. Was die SchülerInnen als viabel ansehen und wie sie es in ihre individuellen Wirklichkeitskonstruktionen einbauen, ist grundsätzlich kaum instruktional beeinflussbar; auf das bekannte »Sei spontan«-Paradoxon sei hier nachdrücklich hingewiesen.

Um es zusammenzufassen: Es ist, um sich ganz sanft an Watzlawicks bekannten Aphorismus anzulehnen, ganz schlicht unmöglich, nicht zu konstruieren – sofern man die konstruktivistischen Grundannahmen teilt. Selbst die ostentative Verweigerung von Eigenkonstruktion und stattdessen das Beharren darauf, exakt vorgegebene und vorgefertigte Meinungen und Wissensbestände zu übernehmen, ist ja nichts anderes als ein eigenständiger, konstruktiver Akt.

3

Die Grundschule als der Ort Grundlegender Bildung

Bei einer Zusammenschau der im vorhergehenden Kapitel aufgezeigten Besonderheiten und Spezifika der Grundschule hat sich immer deutlicher, neben den eher generellen und übergreifenden Merkmalen, als zentraler Kern und als konstitutiver Bezugspunkt dieser ersten Stufe allgemeiner schulischer Bildung die *Grundlegende Bildung* herauskristallisiert.

Für den vorliegenden Argumentationszusammenhang verdichten sich damit also die Überlegungen zur theoretischen Rahmung der Grundschulpädagogik auf den Aspekt der Grundlegenden Bildung. Lediglich auf dieser Idee der Grundlegenden Bildung lässt sich nach meinem Dafürhalten eine Theorie der Grundschule dauerhaft aufbauen. Dies allerdings klingt nun weder besonders innovativ noch originell. Das Vermitteln einer grundlegenden Bildung wurde ja bereits seit Anbeginn der Grundschule als Aufgabe festgeschrieben, scheint inzwischen beinahe eine Selbstverständlichkeit zu sein und wurde aktuell etwa durch Wolfgang Einsiedler noch deutlicher präzisiert.

Allerdings haften dieser Grundlegenden Bildung als konstitutivem Kern in der bislang gedachten Form zwei konzeptionelle Schwächen an.

Zum Ersten stellt sich auf materieller und methodischer Ebene die ebenso einfache wie penetrante Frage, was denn nun noch als grundlegend und was schon als weiterführend angesehen werden sollte. Wie weit und wie tief muss daher in jedem konkreten Einzelfach die Sachbegegnung und die intellektuelle Durchdringung gehen? Durchaus umstritten ist dabei, ob es beispielsweise im Physikunterricht bei der bloßen Beobachtung auf der Phänomenebene bleiben kann oder ob kausale Erklärungen angeboten werden müssen oder dürfen, ob (falsche) Modellvorstellungen oder (Fehl-)Konzepte bestehen bleiben dürfen oder in jedem Fall modifiziert werden müssen (vgl. Heran-Dörr 2011). Durch die bekannten und beispielhaften Forschungsprojekte zum Sachunterricht durch die Münsteraner Gruppe um Möller et al. etwa zum Thema *Schwimmen und Sinken* wurde beispielsweise die (nicht unberechtigte) Diskussion befeuert, ob das mentale Konzept des Auftriebs sowohl inhaltlich wie auch begrifflich nicht über die Möglichkeiten und Aufgaben der Grundschule hinausgreife und damit den Rahmen der Grundlegenden Bildung sprenge. Es ist anzunehmen, dass hier bei fast jedem einzelnen Inhalt innerhalb der Fachdidaktiken lebhafte Diskussionen geführt werden müssen, inwieweit dieser Gegenstand und diese Arbeitsweise nun Sache der weiterführenden Schulen und damit weiterführender Bildung seien. Gerade in Zeiten, die ganz generell durch die Vorverlagerung von Bildung gekennzeichnet sind, sollte diese Diskussion auch nicht nur halbherzig geführt werden.

Zum Zweiten haftet der Vorstellung des *Grundlegenden* der unübersehbare Makel des Vorläufigen, des Unvollkommenen an. Der

Begriff *grundlegend* ist selbstredend der Vorstellung eines bloßen Fundaments verhaftet, welches zunächst für sich alleine zweck- und nutzlos bleibt und erst durch den späteren, architektonisch ausgefeilten Überbau und seine bauliche Vollendung seinen echten Wert und seine wirklichen Nutzungsmöglichkeiten bekommt. Auf das Bildungswesen übertragen: Grundlegende Bildung stellt dann für sich betrachtet keinen Wert dar, bleibt lediglich Unterbau für wirkliche und ernsthafte Bildungsprozesse.

Wie lässt sich diesen beiden Einschränkungen und diesen Schwächen begegnen? Oder muss Grundlegende Bildung sowohl vom Umfang wie auch der Reichweite her vage bleiben und in Funktion und Stellenwert abhängig von der weiterführenden Bildungseinrichtung? Lässt sich die Idee von Grundlegender Bildung denn – trotz der leichten Bedenken gegenüber der möglicherweise missverständlichen Baustellen-Metaphorik – überhaupt prägnant fassen, ohne sich in Aushandlungsprozessen bezüglich Umfang und Reichweite des *Grundlegenden* zu verlieren? Innerhalb dieser konzeptionellen Vorstellung müsste zumindest das Attribut *grundlegend* präzise und spezifisch geklärt werden. Daneben muss aber auch der prozesshafte, autopoetische, sehr weit gedachte Aspekt von Bildung berücksichtigt werden und es darf über all dem auch nicht der fixierte, überprüfbare, pragmatisch nutzbare Kanon von klaren Kompetenzen und Wissensbereichen völlig aus dem Blick verloren werden.

Im Folgenden soll daher der Versuch unternommen werden, eine tragende Struktur von Grundlegender Bildung zu entwerfen, die diesen Ansprüchen zumindest in ersten Ansätzen zu entsprechen vermag. Das bedeutet, dass die Grundlegende Bildung zwar bis in den Unterricht hinein ganz konkrete Hinweise geben kann, aber dabei auch flexibel bleibt, und dass die Diskussion um Umfang und Anspruch entschärft werden kann und sie einen eigenständigen Wert grundschulgemäßer Bildung vorgibt.

3.1 Grundlegende Bildung als System von Dimensionen und Modalitäten

Das Ziel einer demokratisch fundierten Bildung sollte es sein, Menschen Möglichkeiten anzubieten, um sie in ihren Beziehungen zur natürlichen und menschlich gestalteten Welt zu emanzipieren und ihre Potentiale zu erweitern, um sie zu sozialen und mündigen Wesen werden zu lassen und um ihnen damit eine denkbar weitgehende Partizipation an allen Bereichen des Daseins zu ermöglichen. Aus dieser Position der Teilhabe und Mündigkeit heraus aber erwächst gleichzeitig auch eine klare persönliche Verpflichtung für jedes Individuum, nämlich zu aktiver, ethisch verantwortlicher und sozialer Teilnahme an der gesamten natürlichen und gesellschaftlichen Lebenswelt (vgl. Kößler 1997).

Wenn diese doppelte Freiheit und Bindung der letzte Zweck von Bildung ist, dann scheint es ein zentraler Gesichtspunkt zu sein, noch vor den Fragen nach den Inhalten zuerst darüber nachzudenken, wie und auf welchem Weg Menschen der Welt begegnen und an ihr teilhaben können; es geht also um Bereiche, Dimensionen und Richtungen auf der einen Seite, um Umgangsweisen und Modalitäten auf der anderen Seite.

Zunächst einmal zu den Richtungen und Dimensionen, den Zugangswegen zu Welt- und Sinnprovinzen sozusagen. Grundsätzlich hängen diese Zugangsweisen natürlich von dem Bild ab, welches wir von der Welt haben oder uns von der Welt machen: Menschen einer bestimmten Epoche können ihre Umwelt nun wie etwa Johann Amos Comenius als wohlgeordneten göttlichen Kosmos begreifen und damit auch als einen solchen zu erschließen versuchen (vgl. Nießeler 2003). Oder sie interpretieren die Welt als ein Zusammenspiel von naturwissenschaftlichen Regeln und Vorgaben mit durchschaubaren Grundstrukturen, wie dies der wissenschaftsorientierte Sachunterricht der späten 1960er Jahre unternommen hat. All das sind immer nur konstruktive, autopoetische Erklärungsvarianten einer möglicherweise dahinterstehenden, aber eigentlich unbekannten Realität (vgl. Duncker & Popp 2004). Damit sei an dieser Stelle ganz prinzipiell angemerkt, dass es bei allen pädagogisch-didaktischen Bemühungen um einen Zugang zur Welt natürlich nicht um die Welt an sich geht, sondern nur um jeweils besondere, individuelle Abbilder, unsere eigenen, divergent geformten Vorstellungen von Welt. Diese Abbilder oder Vorstellungen zu erkennen, zu verstehen und aktiv an ihnen Teil zu haben, das ist das Ziel von Bildung.

Zur Veranschaulichung soll ein kurzer Blick auf einige historische Grundideen von (Lebens-)Welt und ihren Grundstrukturen geworfen werden, die im Laufe der Zeit entwickelt wurden und bei denen sich vielleicht auch schon bestimmte Herangehensweisen, Richtungen und Aneignungswege in unterschiedlichsten Abstufungen und Elaborationsgraden erkennen lassen.

In weitem historischem Rückgriff kann auf Immanuel Kants elementare Grundkategorien hingewiesen werden, innerhalb derer sich alle menschlichen Erfahrungen verorten lassen: Die von Anfang an vorhandenen Grundkategorien *Raum* und *Zeit*. Kant betont auch die Dualität zwischen intelligibler und empirischer Welt, also eine Zweiteilung in Vernunft und Sinnlichkeit. Ein vergleichbares bipolares Modell entwickelte Friedrich Nietzsche, der die möglichen Spielarten menschlicher Weltbegegnung zwischen einer eher kunstvoll-gestaltenden, apollinischen Umgangsweise und im Gegensatz dazu einem sinnlich-genießenden, dionysischen Daseinsrausch aufgespannt sieht (vgl. Nietzsche 1872). Diese Grundstruktur von intellektuellem und sinnlichem Kosmos findet sich auch in Friedrich Schillers Briefen zur Ästhetischen Erziehung und dürfte bis heute ein verbreitetes Denkmodell für Dimensionen der Weltaneignung sein: über das Gefühl oder über den Verstand.

Im Laufe der Jahrhunderte wurden diese grundsätzlichen Herangehensweisen natürlich stark ausdifferenziert, in die verschiedenen rationalen Disziplinen, aber auch differente Künste und ästhetische Qualitäten. Vor diesem Hintergrund gewannen vor allem Wilhelm von Humboldts Bildungsvorstellungen prägende Bedeutung und markierten das Ziel einer umfassenden Allgemeinbildung, die eben möglichst alle Facetten menschlicher Welterfahrung und menschlicher Möglichkeiten in sich zusammenführen sollte: Neben Individualität – mit der Herausbildung der eigenen, unverwechselbaren Persönlichkeit – geht es Humboldt auch um Totalität, also eine Entfaltung aller Kräfte des Menschen, und um Universalität, nämlich die Partizipation an jedem denkbaren Bereich des Kultur- und Geisteslebens. Damit sind die Grundlagen für die Idee einer umfassenden Allgemeinbildung gelegt, die eben all die möglichen Dimensionen des Menschen und der Welt mit einzubinden habe. Diese Vorstellung eines allseitig, harmonisch, individuell und umfassend gebildeten Menschen hat sich ja als überaus wirkmächtig erwiesen und bestimmt die Lehrpläne der Bundesländer bis zum heutigen Tag (vgl. Humboldt 1903). Allerdings wird der Begriff *Allgemeinbildung* inzwischen teilweise, gerade im Zuge der großen internationalen Schulvergleichsstudien der letzten Jahrzehnte, durch den funktionaleren und kompetenzorientierten Begriff der Grundbildung subsummiert, der sich stärker auf die lebenspraktischen Fähigkeiten im sprachlichen, mathematischen und naturwissenschaftlichen Bereich konzentriert (vgl. Wittenbruch 2008).

Bei diesem ausgesprochen verkürzten Einblick dürfte jedenfalls deutlich geworden sein, dass mit den verschiedenen Bereichen oder Dimensionen, in die die Welt unterteilt wurde, sich eben auch unterschiedliche Arten des Umgangs mit dieser Welt differenzieren lassen. Genau dieses System von Dimensionen und Modi soll als Basisstruktur Grundlegender Bildung genutzt werden.

Ganz aktuell erscheint Christoph Wulfs umfassendes Modell einer Anthropologie der Erziehung tragfähig, welches drei große Wesensmerkmale des Menschen identifiziert, die seine Umgangsweise mit dem gesamten Dasein bestimmen. Wulf nennt zum einen die kulturelle Evolution als Spezifikum, was nichts anderes meint als die Annahme, dass die kulturelle Weiterentwicklung der Menschheit weit schneller vor sich gehe als die biologische, so dass sich die kulturell-zivilisatorische Evolution von der biologischen gleichsam abgekoppelt habe. Damit wären wir zu Leistungen imstande, für die unsere physiologische Grundausstattung gar nicht vorgesehen sei.

Zum anderen weist Wulf darauf hin, dass der Mensch daneben über Selbstbewusstsein im Sinne echter Selbstreflexivität verfüge, also zu Rechenschaft und Verantwortung für sein Denken und Handeln fähig sei. Zum Dritten und Letzten gibt Wulf außerdem zu bedenken, dass diese umfassende kulturelle Evolution und Selbstreflexivität überdies vor allem durch eine erfahrungsunabhängige Wissensweitergabe geprägt sei und abstrakt erfolgen könne. Damit ist gemeint, in Anlehnung an Ernst Cassirers bekannte Vorstellung des *animal symbolicum*, dass beim Menschen Erkenntnisse, Erfahrungen und Einsichten auf abstrakter und symbolischer Ebene weitergegeben werden können, also etwa durch Sprache oder Schrift, ohne dass die nachfolgende Generation diese Erfahrungen und Einsichten am jeweils eigenen Leibe wiederholen müsse. Natürlich können auch bestimmte Tierarten, beispielsweise Schimpansen oder Schützenfische, ihren Nachkommen etwa besondere Verhaltensweisen oder Jagdtechniken beibringen. Sie sind aber, im Gegensatz zu dem menschlichen *animal symbolicum*, für diese Kommunikation, Belehrung und Erfahrungsweitergabe an eine ganz konkrete Situation gebunden. Ob und wie weit diese abstrakten, menschlichen Vermittlungsversuche jetzt angenommen, nachvollzogen oder verworfen werden, unterliegt allerdings weitgehend den Fähigkeiten und der Bereitschaft des Empfängers. Für unseren Zusammenhang sollen als Grundspezifika und Dispositionen, und damit als potenzielle Wege und Dimensionen der Weltaneignung, die drei Charakteristika *Kulturevolution, Selbstreflexion* und *Symbolfähigkeit* im Kernbestand festgehalten werden.

Die zeitnahen Entwürfe Hellmich & Kipers fassen für ihre Möglichkeiten der orientierenden Weltbegegnung die vier unterschiedlichen Annäherungswege zusammen, die Jürgen Baumert als kanonisches Orientierungswissen innerhalb der Modi der Weltbegegnung bezeichnet: Erstens die kognitiv-instrumentelle Modellierung der Welt mithilfe der Mathematik und der Naturwissenschaften, zweitens die ästhetisch-expressiv Begegnung und Gestaltung (beispielsweise durch Sprache, Literatur, Kunst), drittens die normativ-evaluatorische Auseinandersetzung mit Wirtschaft und Gesellschaft (durch

Geschichte, Sozialwissenschaften usw.) und als Viertes und Letztes die Probleme konstitutiver Rationalität (die Fragen der Religion und Philosophie betreffen) (vgl. Hellmich & Kiper 2006, 17). Hinter diesen Modellierungsvarianten ist nun eher ein System zu erkennen, das eigentlich an eine fachliche oder disziplinäre Ausdifferenzierung erinnert. Darunter lassen sich auch die Kategorien des Weltverstehens nach der Bund-Länder-Kommission von 1997 einordnen, da beide Vorschläge doch stark an die Fächerung der gymnasialen Oberstufe angelehnt erscheinen (vgl. Baumert et al. 2019). Diese schulische Fächerung ist natürlich nicht unberechtigt. Im Zusammenhang mit Baumerts Zielsetzung, Studierfähigkeit als schulisches Bildungsziel sowohl terminologisch wie auch inhaltlich genauer zu bestimmen, ist diese Aufteilung in Fächer und Disziplinen beinahe zwangsläufig. In Baumerts Modell werden diese Modi durch basale Sprach- und Selbstregulationskompetenzen ergänzt, die gleichsam als Kulturwerkzeuge eine Beherrschung der Verkehrssprache, Mathematisierungskompetenz, fremdsprachliche Kompetenz, IT-Kompetenz und Selbstregulation des Wissenserwerbs beinhalten sollen. Konkret bedeutet dies etwa, dass beispielsweise im Modus der normativ-evaluatorischen Weltbegegnung auch bestimmte historische Fragen mit den Kulturwerkzeugen der Verkehrssprache und der Mathematisierung angegangen werden können, dass also gleichsam *cross-curricular competencies* generiert und eingesetzt werden können.

Einen viel elementareren, grundschulnahen und umfassenderen Ansatz verfolgten bereits in den 1970er Jahren Klaus Giel und Gotthilf Hiller, wobei sie sich bei ihren Entwürfen für einen Mehrperspektivischen Unterricht (MPU) auf Roland Barthes' strukturalistische Idee des *Simulacrums* bezogen, was eine Dekonstruktion und Rekonstruktion von Weltphänomenen meint, um sie durch dieses Zerlegen und demonstrative Neubauen im Innersten verstehen zu können. Auf dieser gedachten Schaubühne sollten vier verschiedene Spielfelder für diese vier unterschiedlichen Rekonstruktionsweisen als mögliche Umgangsweisen mit der Welt eröffnet werden. Die scientische Rekonstruktion ermöglicht den wissenschaftlich-objektiven Zugang, die politisch-öffentliche Rekonstruktion den Blick in wirtschaftliche, politische und rechtliche Interessen, die erlebnis-erfahrungsbezogene Rekonstruktion gestattet die subjektiv-persönliche Dimension, die szenische Rekonstruktion öffnet die ästhetisch-künstlerische Expressivität als viertes Simulacrum (vgl. Hiller & Popp 2004). Dass diese Rekonstruktionsebenen als Wege der Weltbegegnung und -erfahrung viel umfassender, aber auch viel unspezifischer angelegt waren als die fächerorientierten Modi der KMK, dürfte nachvollziehbar sein.

Eine ganz aktuelle Position in Anlehnung an die Expertise der Bund-Länder-Kommission von 1997 findet sich bei Wolfgang Einsiedler, der unter Grundlegender Bildung in der Grundschule eine Einführung in die anerkannten »geistigen Grundrichtungen« (Hervorh. i. O.) versteht,

> »in die Hauptperspektiven des Weltverstehens […], das sind die Fächer. Grundschulkinder sollen erste Erfahrungen im historischen Denken, im naturwissenschaftlichen Denken usw. machen, d. h. Grundbegriffe und Grundarbeitsweisen der Fächer kennen lernen. Die o. g. Expertise der Bund-Länder-Kommission (BLK 1997) spricht von den unterschiedlichen Rationalitätsformen der Fächer« (Einsiedler 2014, 231),

wobei eine elementare Vertrautheit mit jeder dieser spezifischen Denkweisen in ihrer Summe Allgemeinbildung ausmache. Die bewusste Konzentration dieser Hauptrichtungen des Weltverstehens auf die schulischen Fächer wird hier ganz deutlich. Ähnlich argumentiert Martin Wellenreuther, wenn er einen Einblick in die Erkenntnisstrukturen als Grundauftrag von Schule klar festlegt: »Die Entwicklung komplexer Wissensstrukturen in den relevanten Bereichen ist eine zentrale Aufgabe von Schule, weil ohne sie Bildung im Sinne von Erkennen, tiefem Verständnis von Zusammenhängen und Selbstständigkeit, Mündigkeit und Problemlösefähigkeit undenkbar ist.« (Wellenreuther 2004, 22)

Eine stärker normativ und polarisiert angelegte Vorstellung verfolgt Hartmut Rosa, der in Anlehnung an Simmel von *Sinnprovinzen* der Welt spricht, die sich auf unterschiedlichen Resonanzachsen erschließen oder eben auch nicht erschließen lassen. Rosas Resonanzachsen lassen sich ähnlich wie die hier angedeuteten Dimensionen verstehen, wobei sehr deutlich zwischen einem aktivierten und einem blockierten Resonanzverhalten unterschieden wird, also einer geglückten oder misslungenen Erschließung dieser Dimension. Es ist anzunehmen, dass im Einzelfall hier vermutlich die unterschiedlichsten Zwischenformen von geglückter oder misslungener Resonanz existieren dürften (vgl. Rosa 2019).

Bei einer Zusammenschau über die kurz skizzierten, keineswegs vollständigen Vorstellungen, wie Menschen sich an diese komplexe und multiple Realität heranwagen, wie sie sie zu verstehen suchen, zu durchschauen und zu gestalten, lassen sich zumindest einige Schlüsse ziehen: Ein sprachlicher, ein rational-wissenschaftlicher, ein erlebnishaft-emotionaler, ein gestaltend-expressiver Zugang wird immer wieder betont und scheint als gleichsam anthropologische Konstante wesenhaft zur menschlichen Verfassung dazuzugehören (vgl. Wulf 2001). Ganz generell und vergröbert lassen sich diese Hauptperspektiven und Grundrichtungen der Weltbegegnung in stärker rationale oder emotionale Spielarten einordnen. Allerdings liegen zwischen den sehr allgemein und umfassend gedachten Überlegungen nach Schiller oder Nietzsche und den didaktisch kleingearbeiteten Modellen der KMK doch ganz erhebliche Differenzen. Gerade daran sollte auch deutlich geworden sein, dass die Zugangsmöglichkeiten, die Lehr- und Bildungspläne anzubieten haben, notgedrungen nur ein begrenzter, unterrichtlich vermittelbarer und durch Tradition und disziplinäre Konstanz definierter Ausschnitt aus der Lebens- und Alltagswirklichkeit darstellen. In der Regelschule sind radikalere Weltbegegnungsmöglichkeiten wie *Sinnenfreude, Süßes Nichtstun, Aberglaube und Geisterbeschwörung, erotischer Lebensgenuss, gewalttätige Unterwerfung* und *dionysische Ausschweifungen* als unterrichtliche Themen nach meinem Kenntnisstand eher unterrepräsentiert – und dies sicher aus nachvollziehbaren und guten Gründen. Damit dürfte aber auch klar sein, dass Schule kaum zu einem ganzheitlichen Weltzugriff berechtigt ist, weil sie eben nicht alles behandeln und thematisieren kann, was die Welt und die Menschen zu bieten haben.

An dieser Stelle bietet sich ein kurzer erläuternder Verweis auf den Begriff der Ganzheitlichkeit an. Beim Blick auf die vorgeschlagenen

Dimensionen und Modalitäten wird klar, dass Schule immer nur Ausschnitte aus der Welt und dementsprechend aus dem Wesen eines zu bildenden und zu erziehenden Menschen in den Fokus nehmen und pädagogisch behandeln kann, eben nicht seine Gesamtpersönlichkeit, und dies aus drei Gründen: Erstens werden Schule und Lehrkräften viele Seiten dieses Menschen immer unbekannt bleiben, ganz einfach, weil Menschen im Innersten immer unergründlich bleiben. Zweitens sollten den Lehrkräften manche Wesenszüge und Gedanken aus gutem Grund verborgen bleiben, weil sie eben privater und intimer Natur sind und die Lehrenden auch kein Recht auf ein Urteil darüber haben, ob jetzt ein introvertierter oder extrovertierter, ein freundlicher oder unfreundlicher Charakter vor ihnen sitzt.[15] Und drittens verfügt die Schule, ganz pragmatisch, auch weder über den Auftrag noch über das Rüstzeug, um via Beschulung diese vielen menschlichen Möglichkeiten zu vermitteln, ihre Werte zu modifizieren, Menschen gleichsam zielsicher und anwendungssicher zu ändern. Es wäre wohl anmaßend, kaum legitim und eine pädagogische Hybris, die Gesamtpersönlichkeit ernsthaft und intentional beeinflussen zu wollen.

In der Zusammenschau dieser Wege der Weltbegegnung ergibt sich ein Gerüst von geistigen Hauptrichtungen oder Grunddimensionen, das sich am ehesten in Anlehnung an die klassischen Schulfächer oder Wissenschaftsdisziplinen beschreiben lässt. Gleichsam begleitend quer zu diesen Begegnungspfaden liegen Umgangsweisen oder Modalitäten, die vom Sinnlich-Intuitiven bis zum höchst Rationalen und Systematischen reichen dürften. Innerhalb der sprachlichen Dimension könnte sich dies also vom intuitiven Hineinfühlen in ein Gedicht bis zur messerscharfen Analyse eines Werbetextes konkretisieren.

15 Gerade unter dem Aspekt der geradezu inbrünstig beschworenen *Vielfalt als Bereicherung* sollten Eingriffe in das Wesen eines Menschen tabu sein – wobei, ganz zweifellos, die gesellschaftlichen Anpassungsforderungen ohnehin innerhalb und außerhalb der Schule wie ein großer egalisierender Hobel über alle verschiedenen Köpfe hinwegfahren und die eremitischen, anarchischen, schmarotzenden, faulenzenden, vagabundierenden, ewig suchenden Existenzen sowieso ziemlich schnell nach einer Schnur glätten.

Damit ist natürlich nur eine Auswahl und sicher nicht das Gesamt menschlicher Möglichkeiten beschrieben, und dies aus mehreren Gründen. Denn Schule ist eben nun einmal nur eine begrenzte Institution, mit begrenzten Ressourcen, begrenzter Zeit, begrenztem Zugriff, außerdem ist sie in ihrer aufklärerischen Tradition und Ausrichtung eher aktiv-weltgestaltend und vernünftig-rational orientiert, und schließlich kann sie als öffentliche Einrichtung nicht allzuständig für jede Facette menschlicher Daseinsgestaltung sein, gerade bei den Möglichkeiten, die eher den intimen, ganz privaten, ganz individuellen Bereich betreffen. Natürlich gibt es auch andere Dimensionen, innerhalb derer sich Menschen der Welt bemächtigen oder in ihr beheimaten, und sie sind in den verschiedensten Erfahrungen des täglichen Lebens durchaus denkbar: Dabei könnten sich körperlich-sinnliche, genussvoll-erotische, passiv-erleidende, gleichmütig-ertragende, müßig-kontemplative, mystisch-eschatologische, gewalttätig-aggressive, schmarotzend-anarchistische Spielarten aufführen lassen – dass gegen derartige Dimensionen ethische Bedenken bestehen, wurde ja bereits erwähnt. Und dass die traditionelle Schule bei dem bekannten Sachunterrichtsbeispiel des *Schwimmens und Sinkens* an die Grenze ihres Selbstverständnisses stoßen würde, wenn sie als Erklärung für die Schwimmfähigkeit eines Materials im Wasser einfach die mystische Dimension Zauberei, Flussnymphen oder Zufall akzeptieren müsste, dürfte ebenso selbstverständlich sein. Dabei dürfte es sich um Erklärungen handeln, die ja u. U. durchaus tröstlich und in konstruktivistischen Sinne absolut viabel sein könnten. Es sollte nur darauf hingewiesen werde, dass die Weltbewältigungsmodelle der Schule nur einen gewissen, durchaus beschränkten Ausschnitt aus der Fülle menschlicher Möglichkeiten anbieten. Nicht ausgeschlossen wäre es aber, dass zumindest Glücksfähigkeit, zweckfreies Genießen, tiefes Erleben in der religiös-konstitutiven Dimension unter dem Ansatz des Philosophierens mit Kindern ja miteinbezogen werden könnten (vgl. Duncker & Nießeler 2005).

Dementsprechend und ganz bewusst beschränkt sich die BLK ja auch auf die eher rationalen, produktiven und konstruktiven Seiten des Menschlichen. Dass aber die eben aufgelisteten stärker emotionalen, sinnlichen Umgangsweisen natürlich auch real existierende, und sicher auch nicht ganz seltene, Möglichkeiten von Weltbewältigung darstellen, daran sei kurz erinnert. Immerhin hatten vonseiten der Pädagogik etwa Hartmut von Hentig *Glücksfähigkeit* und Giel und Hiller *Humor* als erstrangige Bildungsziele eingefordert (vgl. Hentig 1996; Giel et al. 1974).[16]

Das im Folgenden dargestellte Gerüst möglicher Weltbegegnungsdimensionen bleibt dennoch ganz vorsichtig auf der apollinischen Seite des Daseins und beschränkt sich aus den kurz umrissenen Bedenken heraus auf die geistigen Grundrichtungen und eher rationalen Hauptperspektiven der Welterkenntnis. Dabei soll versucht werden, all diese bereits formulierten Gedanken und Entwürfe aufzugreifen, ohne einen Anspruch auf Vollständigkeit zu erheben. Das System aus Dimensionen und Modi sollte dabei aber auch möglichst überschaubar bleiben und die realen Bedingungen der Institution sollen im Blick behalten werden.

3.2 Grundlegende Bildung eröffnet Weltbegegnungspfade und Sinnprovinzen (Dimensionen)

Im vorhergehenden Kapitel wurden verschiedene Ansätze kurz vorgestellt, die teilweise ganz unterschiedliche Begegnungswege, Handlungsbereiche und geistige Hauptrichtungen bei der Aneignung der Lebenswelt vorgeschlagen hatten. Auch die Bezeichnungen für diese Wege in die Welt weisen eine gewisse terminologische Vielfalt

16 Dass derartige Zielsetzungen kaum zu realisieren und zu überprüfen sind, liegt natürlich auf der Hand. Und dass bei einem Pflichtschulfach »Glück und Rausch« auch nicht viel Glück, nur ein großer Katzenjammer übrigbliebe, steht auch durchaus zu befürchten.

auf: *Resonanzachsen, Dimensionen, Rationalitätsformen*, um nur einige zu nennen. Im Rahmen der (Grund-)Schule muss natürlich eine pragmatische, praktikable und gesellschaftlich akzeptierte Beschränkung dieser Fülle von möglichen Weltdimensionen vorgenommen werden, die dennoch möglichst viele erkenntnisfördernde Facetten erlaubt. Es bietet sich an, dafür die umfassende Expertise der Bund-Länder-Kommission von 1997 als Basis zu nehmen. Damit lassen sich als *Pfade der Weltbegegnung*, etwas bescheidener und dynamischer ausgedrückt, die folgenden acht Bereiche identifizieren und zusammenfassen:

Abb. 1: Dimensionen der Weltbegegnung

Die sprachliche Dimension

Dieser Bereich besitzt sicher eine besondere Bedeutung, da er als Mittel des Weltverstehens und -erklärens gleichsam ein Medium auch für alle anderen Dimensionen bereitstellt; als Erschließungsachse existiert er sowohl in einer mutter- wie auch in einer fremdsprachlichen Variante und umfasst alle Möglichkeiten einer abstrakt-symbolischen Erfassung und Gestaltung von Welt mit verbalen, sprachlichen Mitteln. Dieser weite Bereich beinhaltet natürlich sowohl Alltags- und Fachsprache einschließlich ihrer technischen und spezifischen Terminologie, aber auch alle poetischen, dramatischen und prosaischen Ausdrucksformen, ebenso Intentionales oder Absichtsloses, sowohl mündlich wie schriftlich Formuliertes. All diese Möglichkeiten stellen zunächst ein bloßes Nebeneinander dar, ohne hierarchische Ordnung oder Wertung.

Die mathematische Dimension

In der mathematischen Dimension findet sich grundsätzlich eine ähnlich abstrakt-symbolische Aneignung und Gestaltung der Welt wie bei der sprachlichen. Allerdings werden hier die Phänomene in der natürlichen und kulturellen Lebenswelt, sei es beim Kochen, Reisen oder Arbeiten, durch die Symbole der Mathematik repräsentiert, erfasst und gestaltet. Verschiedene Zählweisen, andere Stellenwertsysteme oder Zahldarstellungen können dementsprechend unterschiedliche Wege von Mathematisierbarkeit oder Quantifizierung aufzeigen.

Die historische Dimension

Die historische Dimension greift auf Kants bekannte Grundkategorie der Zeit zurück, die alle Erscheinungsformen dieser Welt in einen Bezug zu ihrer Zeitlichkeit stellt. Als Ordnungskategorie bietet diese Dimension grundlegende Zeitstrukturen an, die etwa als *vorher* und *nachher*, *gleichzeitig* und *nicht gleichzeitig* ein Verstehen und Durchdringen der Lebensabläufe erleichtern können. Die menschliche Grunderfahrung von Weiterentwicklung, Veränderung und Stagnation findet hier ihren Platz, sei es jetzt als persönliches Erleben oder als überindividuelles Wissen, als geteiltes Bewusstsein für Vergangenheit und Ahnung von der Zukunft.

Die gesellschaftlich-soziale Dimension

Innerhalb der gesellschaftlich-sozialen Dimension können die Erfahrungsmöglichkeiten Platz finden, die das Leben in Gemeinschaft und Gesellschaft bereitstellt. Es geht hier ebenso um die kleinen, intimen Formen primärer Sozialisation wie auch die größeren, staatlichen und politischen Strukturen auf Makroebene, die einen spezifischen Verstehens- und Deutungsrahmen eröffnen können. Damit wird der Mensch sowohl als *zoon politikon*, also als ein gemeinschaftsbedürftiges und gemeinschaftsfähiges Wesen, wie auch als eine gesellschaftlich geprägte und ihre Gesellschaft prägende Existenz in den Fokus genommen. Dadurch werden im besten Fall die eigene Position, der eigene Werdegang in Verbindung mit gesellschaftlichen Strukturen durchschaubar und veränderbar.

Die ästhetisch-expressive Dimension

Einen ganz eigenen Zugang stellt die ästhetisch-expressive Dimension bereit. Hiermit sollen alle Bereiche des Lebens und der Welt gekennzeichnet sein, in denen es um künstlerisch-ästhetische Erfassung, Verarbeitung und Darstellung geht. Im Mittelpunkt steht hier die künstlerische Überformung der vorgefundenen Erscheinungen und Erfahrungen, also ebenfalls eine Art Abstrahierung und Durchdringung. Dabei ist es keineswegs entscheidend, ob dieser Dimension nun mit bildenden, dramatisch-darstellenden oder musikalischen Mitteln ein ganz spezifischer Ausdruck verliehen wird. Denn gerade innerhalb dieser ästhetisch-expressiven Dimension lassen sich verschiedene Binnenvarianten erkennen, die die ganze Bandbreite körperlich-ästhetischer Ausdrucksformen umschließen könnten. Zu denken wäre hier an Tanz vom klassischen Ballett bis hin zu Breakdance, zu Musik, zu bildender Kunst, zu Kunsthandwerk, aber auch Gymnastik. Diese Bereiche könnten möglicherweise schon an Formen des Freizeit- oder Leistungssportes grenzen. Im Kern geht es auch hier um ein Überformen des Alltäglichen durch eine wie auch immer geartete Form des Ästhetischen, und auch hier ist das Nachdenken oder gemeinsame Suchen nach dem tragenden Sinn dieser Weltbemächtigung das entscheidende Moment.

Die naturwissenschaftlich-technische Dimension

Unter diesem Bereich sollen alle Möglichkeiten subsummiert werden, die eine Annäherung an die natürlichen und technischen Phänomene der Welt ermöglichen. Bei der Annäherung an diese Erscheinungen, seien sie jetzt eher biologischer, physikalischer, chemischer oder daneben auch konstruiert-technischer Art, wird gleichzeitig eine spezifisch wissenschaftliche Verfahrensweise gefordert, um sie adäquat erfassen und verstehen zu können. Diese Verfahrens- oder Herangehensweisen können beispielsweise als Versuche und Experimente, aber auch als Betrachtung und Beobachtung definiert und spezifisch genutzt werden. Diese naturwissenschaftlich-technische Dimension gilt also, ganz verkürzt, dem Zusammenspiel der physischen Dinge und den Auswirkungen, die sie aufeinander haben.

Die religiös-konstitutive Dimension

Einen anderen Bereich und gleichzeitig eine andere Zugangsweise erschließt in gewissem Gegensatz dazu die religiös-konstitutive Dimension; ethische, philosophische Probleme und Erfahrungen, die sich nicht bruchlos mit naturwissenschaftlichen Herangehensweisen vereinbaren lassen müssen. Diese qualitativ anderen Begegnungs- und Umgangsweisen ermöglichen wieder neue Wege der Daseinsbewältigung, auch wenn hier viele Fragen möglichweise ohne klar verifizierbare Antworten bleiben müssen. Es geht ja auch nicht um das Vermitteln von Aussagen, die sich eindeutig der Wahr- bzw. Falsch-

Kategorie zuordnen lassen. Es geht nicht um Glauben oder Nicht-Glauben, sondern schlicht um die Einsicht, dass diese religiös-metaphysische Möglichkeit der Weltbegegnung existiert.

Die sportlich-körperliche Dimension

In der sportlich-körperlichen Dimension können all die Weltbegegnungspfade verortet werden, die auf Bewegungslust und Bewegungsfreude beruhen. Dieser Bereich ist dem künstlerisch-expressiven in gewisser Weise benachbart, verstärkt vielleicht noch durch den stark physischen und oft auch herausfordernden Charakter beim Leistungs- und Extremsport. Dabei verbinden sich natürlich körperliche mit sinnlichen, charakterlichen und geistigen Herausforderungen. Ganz konkret und unterrichtsnah könnte an das Durchwaten von Bächen oder Erklettern von Bäumen gedacht werden – alles Aspekte, die sich ja neben ihrer affektiven Aufladung ganz stark mit der Frage verknüpfen lassen, zu was denn diese Handlungsweisen gut sind, welchen Zweck sie erfüllen und warum Menschen überhaupt diese mitunter gefährlichen Aktionen unternehmen.[17]

Die hier kurz umrissenen acht *Pfade der Weltbegegnung* scheinen sich auf den ersten Blick von den herkömmlichen Schulfächern oder akademischen Disziplinen kaum zu unterscheiden, und zweifellos ergeben sich gerade bei den Inhalten und Arbeitsweisen natürlich Parallelitäten und

17 Beim anthropologischen Stellenwert extremsportlicher Tätigkeiten sei auf die ebenso plakative wie fundamentale Antwort Sir Edmund Hillarys verwiesen, der auf die schlichte Frage, warum er den Everest bestiegen habe, eine ebenso lapidare Antwort gegeben haben soll: »Weil er da ist.« Damit sollen keine Kinder auf Achttausender gejagt, aber die spannende Frage in den Blick genommen werden, warum wir diese sportlichen Selbsterprobungen bis hin zu äußersten Grenzerfahrungen denn eigentlich wagen; fixe Antworten lassen sich hier nur sehr begrenzt geben, aber ein (steiniger) Pfad hinein in die Welt aufzeigen.

Überschneidungen. Diese Themenbereiche erscheinen höchstens anders angeordnet oder zusammengefasst. Was also ist ihr Zugewinn oder ihr innovatives Potential? Entscheidender Mehrwert besteht vor allem in einem bewussten Aufzeigen dieser Wege, dieser geistigen Grundrichtungen, während sich bei Inhalten oder Methoden selbst, also dem materialen oder formalen Lerngewinn und Kompetenzerweiterung, keine auffälligen Veränderungen ergeben müssen.

Um die historische Dimension etwa am Beispiel einer Unterrichtseinheit zum Leben im Mittelalter zu verdeutlichen: Es müssen natürlich zunächst auch Wissen, Kompetenzen und fachspezifische Arbeitsweisen angestrebt werden, wie dies jeder qualitativ hochwertige Geschichtsunterricht grundsätzlich immer versucht. Daneben soll aber auch thematisiert werden, was das Besondere, Spezifische, Interessante, Bereichernde an diesem historischen Weg in die Welt ist. Warum es vielen Menschen geradezu ein Bedürfnis ist, zu erfahren, was früher gewesen ist und was in Zukunft sein wird, als eine Hilfe und ein Zugang zum Verstehen dieser Welt. Dieser Nutzen und Sinn dieses historischen Pfades kann an relativ frei wählbaren Inhalten und Methoden aufzeigt werden, im besten Fall an jedem. Daraus folgert nicht, dass Inhalte und Methoden nun willkürlich oder zweitrangig wären, aber sie müssen eingebettet sein in einen größeren, aufklärenden Sinnbezug. Die Vorstellung, Grundschulkindern einen Einblick in den Sinn differenter Erkenntniswege und Begegnungspfade zu geben, mutet vielleicht etwas hochfliegend oder praxisfern an. Aber es geht eben nicht um abgehobene oder lebensferne Belehrung, sondern um ganz schlichte, auf absolut jedes Lebensalter zuschneidbare, kindgemäße Fragen: Warum interessieren sich Menschen für frühere Zeiten? Warum machen sich Forscher die Mühe, längst vergangene Dinge ans Tageslicht zu holen? Wozu graben sie uralte Knochen aus? Warum geben sie sich überhaupt mit derartigen Dingen ab? Weshalb interessieren sich aber auch viele andere Menschen, von Hobbyarchäologen bis zu Mittelalterfans, für die früheren Zeiten? Und was finden Kinder wie Erwachsene spannend an den Dinosauriern, auch wenn sie tot und zerfallen sind? Was haben genau wir hier in unserer Klasse denn davon, uns eine Burg oder ein Hügelgrab oder eine alte Fabrik anzuschauen? Oder unsere eigenen Fotos als Kindergartenkinder?

Mehr soll und muss es zunächst nicht sein, aber auch nicht weniger: Ein Verständnis davon anbahnen, warum die Beschäftigung mit Historie einen Zugewinn bedeuten könnte. Warum es Menschen mit Staunen, Faszination und Furcht erfüllt, der eigenen Geschichtlichkeit zu begegnen, auf welchem Reflexionsniveau auch immer.

Eine andere Dimension oder geistige Grundrichtung an einem anderen historischen Beispiel zum Thema Jungsteinzeit: Während des Projektes sammeln und dokumentieren die SchülerInnen Fundstücke wie Feuersteinklingen, Pfeilspitzen, Tonscherben, Knochenstücke. Vor allem die Fotos eines neolithischen Tongefäßes mit Linearbandreliefs sorgen für Irritationen: Dass diese Steinzeitmenschen damals, bei diesem harten, fordernden Leben, noch Zeit für Verzierungen hatten? Ein ganz normales Gefäß, ein ganz einfacher schmuckloser Kumpf hätte doch genauso gut seinen Zweck zum Wasserholen oder Aufbewahren erfüllt! Dies mündet in die Frage, ob für Menschen das rein Zweckmäßige, das Notwendige immer genügt, oder ob Menschen sich eben genau durch dieses ästhetische Überformen erst vom animalischen Urzustand, vom *unkultivierten* Tier abheben.[18] Beim Betrachten dieser steinalten Ziermuster lässt sich aufzeigen, dass sich Menschen gerade durch das *Verschönern* und *Ästhetisieren* die Welt zu eigen machen können und sich damit aus einem Naturzustand in einen Kulturzustand fortbewegen.[19] Diese viel allgemeinere Erkenntnis weist auf die geistige Grundrichtung hin: Es ist eine Form von Weltbegegnung und -bewältigung, sich aus dem animalischen Zustand des Hineingeworfen-Seins, des bloßen Dahinlebens durch die Idee von Ästhetik ein wenig zu befreien, sich, im ganz ernsthaften Sinne, eine Form zu geben, ein Selbstbild zu entwerfen.

18 Schließlich dürfte die mehr oder weniger geschmackvolle Gestaltung eines Hundefressnapfes eher den Halter als den Hund selbst beglücken.

19 Einer der beteiligten Schüler formulierte es so: »Die haben das gemacht, weil sie halt Menschen waren.«

Das welterschließende Potential der naturwissenschaftlich-technischen Dimension dürfte an diesem Beispiel relativ eindeutig aufzuzeigen sein, etwa durch Versuche mit nachkonstruierten Werkzeugen und Gegenständen. Die experimentelle Archäologie bietet hier ja ein ganzes Spektrum interessanter Zugänge, deren Nutzen und Sinn erfahren werden kann.

Welches der zahlreichen Angebote aus den Bezugswissenschaften bzw. den Fachdidaktiken jetzt gewählt werden kann, ist von Schulstandort, Altersstufe, Lebensrelevanz, Aktualität, Zugänglichkeit abhängig, also den bekannten didaktischen Auswahlkriterien. Aus Sicht des Verfassers wäre aber ein Nachdenken über die Spezifika dieser Erkenntniswege unbedingt notwendig: Welche Möglichkeiten bietet er, wo liegen seine Grenzen? Die naturwissenschaftliche Weltbegegnung etwa arbeitet nach verifizierbaren, experimentell überprüfbaren Regeln, sucht Widerspruchsfreiheit und eine gewisse Vorhersagequalität zu erreichen, bleibt aber immer wieder revidierbar, stellt also gleichsam ein unabgeschlossenes, aber belastbares System dar.

Die sprachliche Dimension soll an dem ganz anderen, eher spröden Beispiel aus dem Grammatikunterricht verdeutlicht werden. Das Erkennen und korrekte Unterscheiden einzelner Satzglieder wird sicher bei vielen GrundschülerInnen lähmende Unlust und bohrende Sinnfragen ausgelöst haben: Warum man sich denn nur mit der Unterscheidung zwischen dem Wen-Fall und dem Wem-Fall abzuquälen habe? Natürlich sollte auf eine solche Nachfrage hin, die ja zunächst vor allem für ein offenes, vertrauensvolles Verhältnis zur Lehrkraft spricht, schon auch geklärt oder zumindest die Begründung angeboten werden, weshalb eine korrekte Grammatik ein gewisses Hilfsmittel bei der menschlichen Verständigung darstellt. Noch mehr aber sollte die dahinterstehende Frage angegangen werden, warum sich vernunftbegabte Wesen überhaupt Gedanken über Sprache machen, statt sie einfach zu benutzen. Eine genuine Aufgabe grundlegender Bildung wäre es, über diese Intentionen, diese Möglichkeiten, diese Pfade der Weltbegegnung aufzuklären, so dass die ungeheuren Potenzen von Sprache zumindest angedeutet werden, ihre Faszination, ihr Gestaltungsspielraum. Immerhin können Menschen trotz ihrer physischen Beschränktheit einen ganzen Kosmos erschaffen aus diesen Worten und ihren nüchternen grammatikalischen Regeln. Ob der Blick auf diesen manchmal steinigen Pfad der Linguistik nun genug Leidenschaft für eine lebenslange Beziehung zu entfesseln vermag, ob das Potential zu erahnen ist und genutzt wird, oder ob sich der Educandus doch mit stillem Grauen abwendet, das ist von Schule und Lehrkräften nur begrenzt beeinflussbar. Aber diese Perspektive aufzuzeigen und zu öffnen und sie in ihrer Grundidee zu verstehen, das ist das Entscheidende: Sprache kann, mit all ihren Facetten, Spielarten und Nuancen, die Welt erschließen und eine eigene differenzierte Wirklichkeit erschaffen.

Zumindest die Grundlinien dieser grundlegenden Bildung sind sichtbar geworden – so steht jedenfalls zu hoffen. Die relativ statische, notwendigerweise immer auf weiterführende Bildung angelegte Vorstellung, die in Art, Umfang und Intensität immer wieder neu festgelegt werden muss, soll durch eine eher dynamische Idee ersetzt werden, die das Öffnen von Blickrichtungen, von Perspektiven, von Fenstern in die Welt vorsieht, von Wegen, Straßen oder Pfaden, die von diesen jeweils unterschiedlichen Arten der Weltbegegnung gleichsam ausgeleuchtet oder erhellt werden. Damit würde die Grundlegende Bildung eine Art Kern oder Kristallisationspunkt vorstellen – um Martin Wagenscheins Vorstellung zu verwenden –, der um sich einen Ring von erhellenden *Straßenbeleuchtungen* auszusenden vermag.

Der traditionell und tendenziell eher statisch zu interpretierende Begriff der Grundlegenden Bildung soll also eine maßvolle inhaltliche Umdeutung hin zu einer eher dynamisch gedachten Idee erfahren, die eher als ein ausstrahlender Kern verstanden werden kann.

Aus Sicht des Verfassers wäre also eigentlich der Begriff der *nuklearen Bildung* treffender, wenn auch nicht unter Verwendung des ökologisch und politisch zweifelhaften Wortes, so doch wenigstens dem Bilde nach. Dieser Nukleus, dieser Kern sollte Leuchtspuren, ausstrahlende Pfade der Weltbegegnung, Korridore des Verstehens in die Welt ausleuchten, die aus den allgemeinen, anthropologischen Möglichkeiten des Menschseins gewonnen werden können – aber natürlich aus pragmatischen Gründen auf die traditionellen Erkenntnisdisziplinen (sprachlich, naturwissenschaftlich usw.) reduziert werden müssen. Die Frage, inwieweit ein Schüler oder eine Schülerin nun diesen Pfad voranschreitet, ihn überhaupt wählt, ob er oder sie es bei einem bloßen Blick belässt, nur ein paar Schritte wagt, wäre nicht mehr zentral. Aber er oder sie sollte zumindest grundsätzlich verstanden haben, dass es diese Möglichkeit gibt und was sie zu bieten vermag.

Das Aufzeigen und Nachdenken über diese Begegnungspfade mit Welt stellt einen ersten wesentlichen Teil Grundlegender Bildung dar, auch wenn die hier präsentierte Auswahl möglicher Pfade sicher erweiter- und modifizierbar ist. Die gesellschaftliche, erkenntnistheoretische und wissenschaftliche Diskussion darüber, in welchen und wie vielen Richtungen Menschen sich der Welt zuwenden können, wird sicher immer wieder neu geführt werden müssen.

3.3 Grundlegende Bildung verändert Umgangsweisen – Modi der Weltbegegnung

Diese Wege oder Dimensionen müssen jetzt aber auch, und das erscheint mir nun schon als ein neuer und weiterführender Gedanke, um verschiedene Aneignungsmodi erweitert werden, die für die Arbeit in der Grundschule eine spezifische und identitätsstiftende Bedeutung haben. Eine ähnliche Terminologie als Modi findet sich bereits bei Hellmich und Kiper (2006), die dabei Baumerts Unterteilung von 2003 aufgreifen. Sie fassen die Möglichkeiten der orientierenden Weltbegegnung in vier unterschiedliche Arten der Annäherung zusammen: Die kognitiv-instrumentelle Modellierung der Welt mithilfe der Mathematik und der Naturwissenschaften, die ästhetisch-expressive Begegnung und Gestaltung (beispielsweise durch Sprache, Literatur, Kunst), die normativ-evaluatorische Auseinandersetzung mit Wirtschaft und Gesellschaft und als letztes die Probleme konstitutiver Rationalität, welche sich auf die Fragen der Religion und Philosophie konzentrieren. Hinter diesen Modi bei Baumert und Hellmich & Kiper ist nun eher ein System zu erkennen, das eigentlich klar an eine fachliche oder disziplinäre Ausdifferenzierung erinnert. In vergleichbarer Weise findet sich dieses System in den Kategorien des Weltverstehens nach der KMK von 1997 (vgl. Hellmich & Kiper 2006, 17). Eine Unterteilung in die fachlich angelegten und inspirierten Modi erscheint allerdings allein deswegen schon schwierig, weil sie sich oft genug überschneiden, sich gegenseitig bedingen und höchstens schwerpunktmäßig auf sprachliche, wirtschaftliche oder mathematische Felder beschränken lassen. Mathematikunterricht beispielsweise erfolgt ja auch immer in der Modalität des Sprachlichen, und selbst der künstlerische Umgang mit der Welt hat inzwischen, durch die Möglichkeiten der Kunstspekulation als sicherer und renditestarker Geldanlage, viel mit Wirtschaftsmathematik zu tun.

Die im Folgenden vorgeschlagenen Weltbegegnungsmodi lassen sich von Hellmich & Kipers Überlegungen allerdings klar abgrenzen. Nach meinem Verständnis geht es um die Arten des Umgangs, die sowohl innerhalb der Fachgrenzen zu finden sein wie aber auch quer zu diesen liegen können und sich im Idealfall innerhalb mehrerer Dimensionen oder Aneignungswege aufzeigen lassen. Es handelt sich also um *Modalitäten des Handelns* in der Welt, die viel grundsätzlicher zu verstehen sind als die von Fächern oder Disziplinen vorgezeichneten Methoden und Spielarten des Umgangs.

Wie aber sind diese Modi nun angelegt? Gemeint sind damit spezifische Umgangsweisen, die sich jeweils innerhalb aller Fächer, Disziplinen, Pfade und Dimensionen finden lassen und die eine ganz individuelle Ausgestaltung dieser Pfade ermöglichen. Allerdings gibt die Grundschule als Institution natürlich die generelle Bewegung, die Richtung und Dynamik innerhalb dieser Modi vor. Damit lassen sie sich also als durch die Grundschule initiierte, eingeführte, begleitete und gestaltete Umgangsweisen begreifen, wobei die Grundschule in ihrer Rolle als *erste* schulische Einrichtung eine besonders herausgehobene und spezifische Stellung einnimmt. Diese Umgangsweisen oder Modi werden im Kern von jeder modernen pluralistischen Gesellschaft eingefordert, stellen also keine normativen Vorgaben dar, sondern sind eher an pragmatischen Notwendigkeiten orientierte Qualitäten. Dass diese Modi durch die normative Kraft des Faktischen natürlich schon einen gewissen verbindlichen Wert und Charakter bekommen, ist unbestritten, eine echte ethische Begründung dafür gibt es aber nicht zwangsläufig.

So wie die skizzierten Weltbegegnungspfade, die Erkenntniswege eher sprachlicher, mathematischer oder naturwissenschaftlicher Natur sein können, so lässt sich daneben auf diesen Wegen quasi eine individuelle und veränderte Schrittgeschwindigkeit oder ein Laufstil einschlagen oder ausprägen. Die Vermittlung oder Anbahnung oder zumindest Bereitstellung dieser Modi als Teil einer kulturellen Identität muss für die Grundschule Teil ihres Bildungsangebots an das Kind sein, als ein wesentlicher Teil grundlegender Bildung. Insgesamt lassen sich sechs dynamische Herangehensweisen unterscheiden, die den disziplinär oder fachlich vorgezeichneten Aneignungswegen gleichsam eine modifizierte, individuelle, entwicklungsorientierte und kulturell geprägte Form geben.

Die dynamischen Modi bewegen sich jeweils zwischen zwei Polen oder Ausrichtungen und wurden in sechs Kategorien unterschieden.

Der erste Modus beinhaltet den Übergang vom Konkreten zum Abstrakten, der Zweite den vom Personengebundenen zum Entpersonalisierten, also vom Personalen zum Überpersonalen und Formalisierten, der Dritte die Ausdifferenzierung vom Ganzheitlichen zum Spezialisierten, der Vierte die Entwicklung vom Zufälligen zum Systematischen und Absichtsvollen, der Fünfte den vom Spontanen zum Verstetigten und Zeitgebundenen und der Sechste schließlich den vom Freiwilligen zum Verpflichtenden. Um gleich noch einmal möglichen Missverständnissen vorzubeugen: Hier geht es weder um kritische Verurteilung noch um rechtfertigende Apotheose dieser Modi, sondern um eine schlichte Analyse und Beschreibung der sozialisierenden und strukturellen Funktionen, die die Grundschule als erste verpflichtende Einrichtung innerhalb der existierenden

Gesellschaft gleichsam als Initial-Institution de facto übernimmt und die sich zum Teil in den allgemeinen Funktionen von Schule, die Herrlitz schon vor etlichen Jahren identifizierte, wiederfinden lassen und sich mit diesen überschneiden (vgl. Herrlitz et al. 2009). Diese sechs sich langsam verändernden Umgangsweisen sitzen quasi auf allen eher fachlich-inhaltlichen Dimensionen auf, sie liegen quer dazu, so dass insgesamt ein Modell aus acht Dimensionen und sechs Modalitätsachsen entsteht.

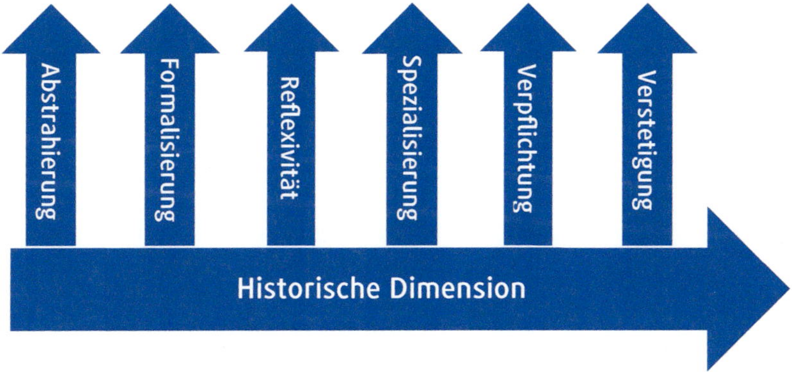

Abb. 2: Modi am Beispiel der historischen Dimension

Um für die hier entworfene Theorie der Grundschule nicht den Eindruck von unüberschaubarer, gar nur selbstrelevanter akademischer Komplexität zu vermitteln, seien diese Dimensionen und die dazu querliegenden zweipoligen Modi ganz schlicht immer wieder an unterrichtsnahen Beispielen erläutert und konkretisiert. Der Einfachheit halber und um die Komplexität zu begrenzen, mit Gedanken an Ockhams Rasiermesser, soll dies vorzugsweise an Beispielen innerhalb der historisch-gesellschaftlichen Dimension geschehen, die sich inhaltlich ja in unterschiedlichster Weise füllen lässt. Natürlich wären auch ebenso gute Beispiel aus allen anderen Bereichen der Grundschule denkbar und sollen bei Bedarf auch Verwendung finden.

Das historische Beispiel *Leben im Mittelalter* ist sicher deutschlandweit bekannt und populär, findet sich in vielen Lehr- und Bildungsplänen und in fast allen Sachunterrichtsbüchern und lässt sich zudem durch die zahlreichen Überreste aus dieser Zeit wie Burganlagen, Stadtmauern, Kirchen, Flurdenkmälern usw. ausgesprochen gut zugänglich machen. Auf dieses Beispiel soll zur Veranschaulichung immer wieder zurückgegriffen werden.

3.3.1 Abstrahierung

Die erste Umgangsweise, die erste Modalität, nimmt ihren Ausgangspunkt bei den bereits vorhandenen und sinnlich wahrgenommenen Phänomenen der kindlichen Lebenswelt. An diese konkreten und vertrauten Erscheinungen wird angeknüpft, sie werden weitergeführt, induktiv verdichtet und aufgespannt hin zu rein begrifflichen Abstrakta. Es ist daher ein Modus zunehmender Abstrahierung, der vom Konkreten, also dem sinnlichen Erfassen genau dieser Burgruine, zum Abstrakten, zu den übergreifenden Merkmalen und Funktionen, den allgemeinen Zwecken und Konstruktionsformen von mittelalterlichen Befestigungsanlagen an sich führt. Diese allgemeinen Merkmale müssen und können aber eben nicht nur an diesem ganz konkret vorliegenden und gegenständlichen Phänomen erkannt werden. Im Laufe der Zeit nämlich löst sich der bloße Begriff *Burg* von den sinnlichen Konkretisierungen, Eindrücken und Erfahrungen und steht immer mehr für ein Konglomerat von Bedeutungen, Bildern und Vorstellungen, über das sich sprechen und diskutieren lässt, ohne das echte Gemäuer vor Augen haben zu müssen.[20] Dafür muss natürlich auch die sprachliche Dimension genutzt werden, um sinnliche

20 Dem auf Thomas von Aquin zurückgehenden Kernsatz des Sensualismus oder Empirismus sei hier durchaus beigepflichtet: »Nihil est in intellectu, quod non fuerit in sensu« (Nichts ist im Verstande, was nicht [zuvor] im Sinne war). http://www.corpusthomisticum.org/qdv02.html#51886

Anschauungen und Dinge in Begriffe zusammenfassen zu können. Hier wird es um das Schärfen, das Unterscheiden und Hierarchisieren von Begriffen gehen, um Oberbegriffe zu klären und zusammenzuführen; es werden aber auch bildliche Vergleiche mit anderen Burgen und historischen Ansichten angestellt, Informationen über Grabungsfunde und den zeitgeschichtlichen Kontext eingebunden. Ganz behutsam also verwandeln sich Dinge in Worte, die wiederum durch abstrakte Symbole, nämlich Phoneme und Grapheme, Laute und Buchstaben repräsentiert werden. Schließlich kann das Kind zu rein gedanklichen Abstrakta gelangen, womit ihm so etwas wie eine kulturelle Objektivation ermöglicht wird (vgl. Fischer 2013).

Auch hier handelt es sich um einen ganz allmählichen Prozess, ähnlich wie das Beschreiten eines Weltbegegnungspfades, der ganz vorsichtig von der konkreten Sachbegegnung zu einer immer stärker abstrakten, begrifflichen Repräsentation von Welt führt. Diese Fähigkeit, sich durch symbolische und abstrahierte Darstellung von Dingen, Handlungen und Gedanken über die Welt austauschen zu können und sich damit aus dem Festgelegt-Sein durch das tatsächliche Hier und Jetzt zu befreien, stellt sicherlich eine der anthropologischen Grundfähigkeiten dar. Diese Kommunikation und diskursive Teilhabe über Raum und Zeit hinweg erlaubt erst die Weitergabe von Gedanken und Gefühlen in verdichteter Form. Damit entstehen Angebote von Sinnfindung und kultureller Tradition. Kurz gesagt: All das ermöglicht uns erst, trotz aller dabei auftretenden Missverständnisse bei der Entschlüsselung und Deutung dieser abstrakten Begriffe, unser menschliches Dasein in seiner kulturellen Form. Der Mensch, vermutlich sogar ausschließlich der Mensch, kann also als ein *animal symbolicum* angesehen werden, um noch einmal Ernst Cassirers Begriffen und Gedanken zu folgen, ein besonderes Lebewesen, welches zu symbolhaftem und abstraktem Handeln fähig ist.

Dabei muss und sollte nicht zwangsläufig, gleichsam automatisch, ein Verlust von Sinnlichkeit erlebt werden. Das direkt Gesehene, Gehörte, Gefühlte behält ebenfalls seine Dignität, wird aber zunehmend relativiert und möglicherweise in seiner Zufälligkeit und Singularität begriffen; das bedeutet, ganz *konkret*, dass die hier und jetzt konstatierte Art und Weise, in der genau diese Burgmauer gebaut wurde und sich erhalten hat, absolut ihren Wert und ihre Bedeutung behält; dass sie daneben aber auch nur *eine* punktuelle und willkürliche Ausformung aller möglichen Befestigungsmauern darstellt, abhängig von den lokalen Materialien und Techniken. Und es bedeutet auch, dass der Zustand dieses alten Steingefüges, wie wir es jetzt sehen, wahrnehmen und anfassen können, von den punktuellen und speziellen, mehr oder weniger einmaligen Witterungseinflüssen, kriegerischen Auseinandersetzungen und Konservierungsmaßnahmen abhängig ist. Zudem wird damit verdeutlicht, dass dieser sinnliche Eindruck für uns auch durchaus irreführend oder irrelevant sein kann, vielleicht sogar ein eher untypischer Einzelfall. Genau dieser Einzeleindruck kann jedoch in seiner sinnlichen Präsenz alle anderen Exemplare einfach überlagern und marginalisieren, weil sie eben nicht mehr derart eindrücklich und gut erhalten oder sinnfällig vorhanden sind. Es ist sogar denkbar, dass unsere sinnliche Wahrnehmung uns auch zu täuschen vermag. Vielleicht nämlich ist diese Mauer ganz einfach nur eine historisierende Rekonstruktion des 19. Jahrhunderts, was wir ohne abstrahierende, symbolisch verdichtete und weitergegebene Informationen und Ergänzungen gar nicht zu erkennen vermögen.[21] Die Lehrkraft wird – um ganz unterrichtsnah zu bleiben – beim Anblick der Burgmauer immer wieder nachfragen müssen: *Wie kann das gebaut worden sein? Welche Maschinen und welche Baumaterialien hat es damals gegeben? Ist das wirklich alt? Wurde es umgebaut? Sind verschiedene Arten, auch neuere Materialien zu erkennen? Passt dieser Stein in unsere, in diese Region? Wo habt ihr schon andere Befestigungen gesehen?*

---

21 Auf das grundsätzliche Aufeinander-Angewiesen-Sein von Anschauung und Begriff muss ja nicht erst seit Kants Diktum in der Kritik der reinen Vernunft hingewiesen werden: Dass Gedanken ohne Inhalt leer seien, Anschauungen ohne Begriffe aber blind. Damit sollte die lange Auseinandersetzung zwischen Rationalisten und Sensualisten beendet gewesen sein.

Mit diesen Fragen wird der Horizont erweitert und verallgemeinert. Auf ältere Bildquellen und Texte lässt sich verweisen, die mit den konkreten Anschaulichkeiten in Konkurrenz stehen können, und schließlich kann ein Konsens auf begrifflicher Ebene zu finden sein.

Diese Abstrahierung und Loslösung vom konkreten Einzelfall wird ein zunächst sehr vorsichtiges, im Laufe der Schulzeit immer intensiveres abstraktes Repräsentieren durch Sprache, Zahlen und symbolhafte Interaktionen notwendig machen.

3.3.2 Formalisierung

Die zweite Umgangsweise lässt sich als ein Veränderungsprozess von weitgehend informeller Welterkundung hin zu immer stärker formalen Aneignungsvorgängen und -verläufen beschreiben. Unter diesem zweiten Modus soll daher die allmähliche Ablösung spontaner, zufälliger, ungeplanter und punktueller Lernprozesse durch systematische, intentionale und professionell angeleitete Lehrgänge verstanden werden.

Eine derart veränderte Umgangsweise unter dem übergeordneten Gesichtspunkt *Formalisierung* beinhaltet mehrere Unteraspekte:

Zum Ersten bedeutet es, aufseiten der Lehrenden, eine zunehmende Professionalisierung: Die wesentlichen Lehr- und Lernprozesse liegen also in der Hand berufsmäßiger Lehrkräfte, die staatlich ausgebildet und bezahlt werden. Dies meint nichts Anderes, als dass diese Vermittlungsprozesse nicht mehr an bestimmte idealistische Individuen gebunden sind, sondern sich mehr und mehr an den Forderungen und Möglichkeiten der gesellschaftlichen Vorgaben und der Sache selbst zu orientieren haben.

Zum Zweiten lösen sich damit auch die vermittelten Inhalte und Wissensbereiche zunehmend von den Vorlieben und Abneigungen der speziellen, in diesen Lehr-Lernprozess eingebundenen Personen, und dies sowohl auf Lehrkraft- wie auf Schülerseite. Aus dem Amateur also, der aus Liebe zum Gegenstand lehrt oder lernt, dem – im besten und wahrsten Sinne des Wortes – Liebhaber einer bestimmten Sache, sei es jetzt Fußball, die schriftliche Subtraktion oder die Kunst des Origami, wird in einem Prozess allmählicher Entpersönlichung ein professioneller Lehrer oder Lerner. Damit ist unbestritten, dass die Gegenstände, die man selbst hoch schätzt, in die man sich mit Leidenschaft vertieft, besser gelehrt und gelernt werden – aber all die anderen, die mit geringerer Liebe betrieben und betrachtet werden, sollen und müssen eben auch professionell betrieben und betrachtet werden. Parsons fasst diese Umorientierung hin zu einer stärker formalisierten Umgangsweise unter affektiver Neutralität und Universalismus zusammen (vgl. Parsons 1979).

Um es in rabiater Vereinfachung zu sagen: Es könnte, am nächsten Tag, auch irgendeine andere Lehrperson mit mehr oder weniger Interesse an diesen Kindern und an dieser Sache im Unterricht mit genau diesen Kindern genau diesen Inhalt weiter behandeln.

Zum Dritten bedeutet das auch die Überführung stark individuell oder familiär geprägter Handlungsmuster in größere, sozial normierte Umgangsweisen. Die primären, gemeinschaftlichen, familiären Verhaltensweisen sind zunächst durch verwandtschaftliche Bindung, sozialen Zusammenhalt, Zuneigung oder Antipathie entstanden und gekennzeichnet und werden jetzt, in der Sekundärsozialisation, durch eindeutig konventionalisierte, gesellschaftlich hervorgebrachte Strukturen ergänzt und überformt, die in ihrer egalisierenden, bürokratischen Herangehensweise für unterschiedslose und geregelte Verläufe sorgen. Durch diese Entpersönlichung und Formalisierung wird Schule zu einer bürokratischen Institution, die jede Schülerin und jeden Schüler zumindest prinzipiell gleich behandelt und die auf das überindividuelle und massenhafte Arrangieren von Lernprozessen ausgerichtet ist. Die Arbeit in dieser Institution erfolgt nicht vorrangig deshalb, weil genau diese Lehrkraft jetzt genau diesen Schüler oder diese Schülerin schätzt und mag, sondern aus professioneller Beauftragung durch die Gesellschaft. Damit wird es zumindest grundsätzlich unbedeutend, ob nun in dieser Familie und aus diesem Sozialisationshintergrund heraus mittelalterliche Burgen mit Interesse besucht wurden oder die kindliche Angst vor diesem Gemäuer durch schauerliche Erzählungen in stilles Entsetzen verwandelt wurde. Aus professioneller und formaler Verpflichtung heraus wird dieser Gegenstand in einer bestimmten, geregelten Art und Intensität in einen für alle gedachten Lerngegenstand verwandelt, der die Schüler damit gleichsam unfreiwillig aus ihren familiären Beschränkungen, Einstellungen und Vorurteilen emanzipiert – ganz egal, ob diese Grenzen jetzt durch Begeisterung, Furcht oder vollkommenes Desinteresse gezogen werden.

Zum Vierten werden damit alle Lernmöglichkeiten als unabhängig von ihren zeitlichen, räumlichen oder persönlichen Zufälligkeiten und dem daraus resultierenden Stellenwert verstanden und abgearbeitet. Lernen soll, losgelöst von den aktuellen Bedingungen und Vorzeichen, planvoll und intentional erfolgen. Ob den Kindern das Verständnis einer Burganlage nahegebracht wird, hängt nicht von der persönlichen Einschätzung der Lehrerin und auch nicht entscheidend von den örtlichen und zeitlichen Gegebenheiten ab, sondern primär davon, ob diesem Wissen und diesen Kompetenzen von der Gesellschaft über die geltenden Lehr- und Bildungspläne eine echte Relevanz und Bedeutung zugeschrieben werden. Es muss also ein gesellschaftlicher Konsens über die Wichtigkeit dieses Wissens und dieser Kompetenzen über die demokratische Legislative hergestellt werden, in der Regel über durch parlamentarische Gremien verabschiedete Lehr- und Bildungspläne (vgl. Liebers 2014).

Die führt unter Umständen durchaus zu einem Verlust von echter Lernfreude und natürlicher Motivation, in doppelter Hinsicht, da es weder von der Empathie der Kinder noch der Lehrkraft abhängig ist, weder zu den Themen und Inhalten noch zu den beteiligten Personen, ob ein bestimmter Stoff behandelt wird.

Dieser Modus führt also von einem stark nahraum- und beziehungsorientierten Lernen hin zu eher sachbezogenen und personenunabhängigen Lernprozessen. Um es noch einmal zu sagen: Es ist ein ganz vorsichtiger, langsamer, lebenslanger Prozess, vielleicht sogar ein unabschließbarer Vorgang, den die Grundschule hier einleitet, und der auch nur die generellen Professionalisierungstendenzen in unserer Gesellschaft widerspiegelt. Diese Professionalisierungstendenzen lassen sich etwa durch die zunehmende berufsmäßige

Übernahme sozialer und familiärer Tätigkeiten aufzeigen, wie beispielweise die Pflege der Senioren, welche immer stärker in institutionellen Händen liegt. Auch dies bedeutet insgesamt eine zunehmende Abkopplung von persönlicher Hingabe, persönlicher Vorliebe und Neigung.

Damit ist natürlich keinerlei Degradierung eines emotionalen, wertschätzenden Verhältnisses verbunden, eine gute Lehrer-Schüler-Beziehung ist für Schulklima und Unterrichtserfolg enorm wichtig (vgl. etwa Prange 2000). Wie stark dieser Erfolg von der Lehrerpersönlichkeit und der gegenseitigen Sympathie abhängt, ist ja hinlänglich bekannt und beforscht (vgl. u. a. Hattie 2009). Es geht hier auch nicht um eine absichtsvolle emotionale Distanzierung oder Kühle. Entscheidender Punkt in meiner Argumentation ist aber, dass ganz einfach bewusst gemacht werden sollte, dass es sich in der Schule primär um ein Arbeitsverhältnis handelt, bei dem die Inhalte und Kompetenzen vermittelt werden sollen, die gesamtgesellschaftlich für wichtig befunden wurden. Es ist primär ein Arbeitsverhältnis, keine Liebesbeziehung.[22] Dass dabei eine gute, vertrauensvolle, emotional warme Atmosphäre entstehen kann und soll, ist natürlich in jeder Hinsicht willkommen, gut, sinnvoll und erfreulich – aber eben nicht als didaktisches Hilfsmittel, sondern als ein Wert an sich. Es besteht schließlich ein erheblicher Unterschied zwischen einer familiären, emotionalen, liebenden Beziehung und einer warmen, freundlichen, professionell wertschätzenden Haltung. Die letztere gilt allen Schülerinnen und Schülern gleichermaßen, weil sie nun einmal

22 Es wäre aus unserer Sicht verhängnisvoll, im schulischen Kontext zu stark auf die gefühlsmäßige Bindung zwischen SchülerIn und Lehrkraft zu setzen, also die Kraft der Liebe einzukalkulieren und damit bewusst und vielleicht sogar von vorneherein die Emotionalität der Beziehung für Lernmotivation oder Disziplinierung zu instrumentalisieren. Äußerungen von Lehrkräften, dass sie ganz traurig und emotional betroffen darüber seien, dass die Schülerinnen und Schüler so viele Fehler gemacht hätten, zeigen die Zwiespältigkeit einer derartigen Anmerkung in ihrem gefühlsmäßigen Overload wohl recht deutlich.

als bildungswerte und bildungsfähige Wesen angesehen werden, ohne irgendjemanden zu bevorzugen – und das ist ein himmelweiter Unterschied zu einer wirklichen Liebesbeziehung.[23]

In unserem Beispiel wird das Wissen über die Burganlage nicht aus Passion oder Zuneigung weitergegeben, und nicht nur an die Schülerinnen und Schüler, die man mag, sondern unterschiedslos an alle, weil es bürokratisch und gewissermaßen gleichgültig vorgegeben ist, also jedem zukommen soll, eine Art verwalteter Gerechtigkeit. Und die Schülerinnen und Schüler eben nicht aus Zuneigung zur Lehrkraft die Funktion des Pallas verstehen wollen, sondern weil die Sache von sich aus interessant, lebensbereichernd, erhellend sein könnte. Dass dies mit einer guten emotionalen Beziehung besser zu erreichen ist als ohne, dürfte hinreichend erwähnt worden sein.

3.3.3 Reflexivität

In engem Zusammenhang mit dem vorhergehenden Modus der Formalisierung steht der nächste Modus, der sich als die Entwicklung und Ausbildung einer zunehmend reflektierten Weltsicht beschreiben und kennzeichnen lässt. Vom Unbewussten, Intuitiven, Reflexhaften, Unbefragten, vom Schon-immer-so-Gemachten und Einfach-so-Übernommenen führt die Grundschule immer nachdrücklicher zum Reflektierten, zum Bewussten, zum Rationalen, und weiter zu einem permanenten Weiterfragen, Hinterfragen und Ergänzen des bereits bekannten Wissens. Es geht darum, um H.-J. Fischers Bildsprache zu folgen, »›Inseln‹ der Reflexion inmitten kindlicher Erfahrungswelten zu begründen. Sie sind nicht einfach da, sondern müssen gebaut und kultiviert werden« (Fischer 2013, 160).

23 Liebesbeziehungen leben ja genau aus der absoluten Bevorzugung eines einzelnen Menschen, der ganzen Konzentration auf das eine geliebte Wesen. Mit ihr oder ihm ist Seligkeit, und ohne ihn ist Hölle, und der Rest der Welt und der Menschheit mag sehen, wo er bleibt.

Mit dieser erhöhten Reflexivität geht die Einsicht einher, dass das bisher vielleicht lediglich implizit Erfasste, Vermutete, Mitschwingende und Angenommene zum Durchdachten, zum Ausformulierten und explizit Ausgesprochenen und damit zum begrifflich Fixierten wird, dass also Begriffe und ihre Relationen zu bewussten Mitteln für Denkoperationen werden.

Dieser Prozess erscheint mit Blick auf die Individualentwicklung des Menschen zur Persönlichkeit möglicherweise ganz selbstverständlich. Bei vielen Kindern und Jugendlichen wird in der Tat das Bedürfnis, immer weiter nachzudenken, nachzufragen, den Dingen immer nachdrücklicher auf den Grund zu gehen und diese Erklärungsvorgänge in Worte und Begriffe zu fassen, vollkommen normal erscheinen. Trotzdem dürfte es für das Selbstverständnis der ersten allgemeinbildenden Schule ein zentrales Moment darstellen, das bewusste Nach- und Weiterdenken, diesen forschenden Blick auf das Noch-nicht-Gewusste zu fördern und aufrechtzuerhalten. Damit einher geht eine neue Qualität tieferer und komplexerer Lebensgestaltung: »Eng verbunden mit der Reflexivität, die es dem Menschen ermöglicht, zu handeln anstatt zu reagieren, sind das Bewusstsein der eigenen Endlichkeit und die Fähigkeit, nach dem Sinn des Lebens zu fragen« (Wittenbruch 2008, 3).

Um es klar zu sagen: Diese immer reflektiertere Herangehensweise ist oftmals durchaus nicht schmerzfrei. Vielleicht geht häufig mit der gründlichen Überlegung, mit dem Nachsinnen über bestimmte Phänomene auch eine Enttäuschung einher, eine Demotivation, das sei gar nicht verschwiegen. Jedem Musikwissenschaftler und jeder Germanistin dürfte diese ernüchternde Erfahrung beim rationalen Umgang mit Kunstwerken hinlänglich bekannt sein, wenn der Zauber des beglückenden, spontanen Erst- und Gesamteindrucks unter dem Seziermesser der analytischen Reflexion sein zartes Dasein aushaucht – so scheint es zumindest anfänglich. Man kann daher den Verlust des Spontanen, des Emotionalen, des Unüberlegten, des Einfach-dem-Herzen-Folgen durchaus beklagen. Diese zunehmende Reflexivität darf daher natürlich, wie die anderen Modi auch, durchaus zwiespältig verstanden werden. In einer Gesellschaft jedoch, die in hohem Maße und letztendlich sogar in fast jeder Hinsicht Verantwortlichkeit für das eigene Handeln einfordert, ist dies aber eine unvermeidliche Konsequenz. Eine spontane Emotionalität weicht also allmählich einer Haltung zunehmender affektiver Neutralität (vgl. Parsons 1951).

Noch ein weiterer Aspekt sei mit Blick auf Dunckers Dichotomie zwischen Qualifikation und Bildung angesprochen. Duncker betont ja die grundsätzlich unterschiedliche Aufgabe von beruflicher Qualifikation und individueller Menschenbildung. Für mich dagegen lassen sich diese Zielsetzungen gerade in diesem Modus zunehmender Rationalität und Nachdenklichkeit bruchlos zusammenführen. Eine verantwortliche, kluge, wohlüberlegte Vorbereitung auf den Beruf steht m. E. in unmittelbarer Verbindung zu einer *gebildeten* Lebensführung. Diese Selbstbildung bedeutet ja schließlich, nachdenklich das eigene Ich zu relativieren und die Perspektiven der anderen zu berücksichtigen. Eine wirklich umfassende, reflektierte und vielperspektivische Berufsqualifikation vermag diese Menschenbildung ganz gezielt zu unterstützen. Dies wäre ein ganz konkreter Hinweis darauf, wo an den Qualifikationsanforderungen der Gesellschaft eben auch bildungswirksame Momente zum Tragen kommen können.

Zu dieser immer stärkeren kognitiven Durchdringung, dem Mehr an Reflektiertheit gehört auch die *Ausdifferenzierung* des ersten Gesamteindrucks, die immer stärkere Wahrnehmung von Details und internen Widersprüchen. Es ist also ein Modus, der von ganzheitlicher Betrachtung zu immer differenzierterer Wahrnehmung voranschreiten wird, vom ganz großen, prägenden Ersteindruck zum detaillierten, komplexen, möglicherweise zunächst verwirrenden Gesamtpuzzle. Die in sich geschlossene Vorstellung wird durch neue Gedanken immer wieder aufgebrochen und geöffnet und muss immer wieder neu zusammengefügt werden. Das entstehende, immer wieder nur vorläufig gewonnene Bild wird immer kleinteiliger, zu immer mehr klaren Aussagen findet sich ein Einwand, ein neuer Aspekt, manchmal ein relativierendes Ja-Aber. Dies bedeutet aber auch, dass das gerade entstandene Bild ständig korrigiert und revidiert werden muss, dass die ersten groben Eindrücke ergänzt und immer wieder mit einem neuen Blickwinkel versehen werden müssen.

Damit wird natürlich auch der Zustand des *Verstehens* selbst ein durchaus schwankender. Für Pädagogen darf *Verstehen* spätestens seit Wagenschein als zentrales Ziel, ja als Menschenrecht angesehen werden. Allerdings stellt dieses *Heureka*-Phänomen in der beschriebenen Sichtweise zunehmender Reflexivität nur einen sehr kurzen Moment dar, der in nächsten Augenblick schon wieder von neuen Fragen und differenzierteren Überlegungen erschüttert wird. Daher muss die Aussage »Ich habe verstanden« vermutlich eher als performativer, weniger als konstativer Sprechakt interpretiert werden.[24]

Am Beispiel des Schriftspracherwerbs lässt sich diese mühselige Vorgehensweise vielleicht am besten illustrieren. Nachdem die Kinder zunächst die Einsicht in das grundlegende Lautabbildungsprinzip der deutschen Schriftsprache gewonnen haben und beim phonetischen Schreiben diesen Grundsatz »Schreibe jeden Laut, den du hören kannst!« möglichst überall anzuwenden versuchen, wird diese beglückende Gewissheit durch die neuen Regelhaftigkeiten des orthographischen Schreibens zwar nicht grundsätzlich in Frage gestellt, aber doch durch Rechtschreibregeln gebrochen, ergänzt und modifiziert.

Oder, um noch ein weiteres Mal das Beispiel der mittelalterlichen Burg zu strapazieren: Aus der spontanen, impulsiven und unreflektierten Faszination und dem auf den ersten Blick aufflammenden Interesse für diese Festungsanlage soll nach und nach eine durchdachte, abgewogene Vorstellung gewonnen werden. Neben das erste Staunen tritt die nüchterne Frage, warum uns dieser Bau denn nun so beeindruckt, welchen Zweck er erfüllte, aber auch mit welchem Preis, welchen Mühen, Ungerechtigkeiten und Zwängen er errichtet wurde.

---

24 Austins Sprechakttheorie unterscheidet ja zwischen konstativen, die wahr oder falsch sein können, und performativen Äußerungen, deren Wirklichkeit erst mit der Äußerung subjektiv hergestellt werden. Mit »Ich habe verstanden« wird also vielleicht ein kurzer, flüchtiger Moment des Verstehens für das sprechende Subjekt selbst festgehalten.

Natürlich ist dieser Modus zunehmender gedanklicher Durchdringung ein mühseliges, oft irritierendes, oft auch negativ erlebtes, lähmendes Unterfangen, wohingegen einfache Antworten sicherlich meist attraktiv und verlockend erscheinen. Es geht hier auch nicht um ein permanentes, intellektualistisches, selbstgenügsames Zergrübeln von allem und jedem, ohne dass eine echte Notwendigkeit dafür vorläge. Schließlich gehört die Warnung vor der einseitigen und unfruchtbaren *Verkopfung* durch den Unterricht ja beinahe zu den festen Topoi der Pädagogik. Am Rande sei aber doch erwähnt, dass der Vorrang der Haltungs- und Charakterbildung vor der Schulung des Intellekts und der Ratio vor allem von diktatorischen Bildungssystemen gefordert wurde (vgl. Götz 1997; Jung 2011).

Der schon immer komplexen und vielschichtigen Lebenswelt jedenfalls ist diese ständig sich ausdifferenzierende und überlegte Herangehensweise insgesamt zweifellos angemessen. Der Rückzug in eine naive und unreflektierte Selbstbeschränkung erscheint wie ein ungenügender, beinahe fadenscheiniger Eskapismus. Und schließlich dürfte ganz grundsätzlich die Denkfähigkeit trotz all ihrer Komplexität und Unzulänglichkeit meines Erachtens nach nicht zu den schlechtesten Eigenschaften des Menschen gehören.

Die Grundschule ist sich dieses Dilemmas zwischen klaren, reproduzierbaren Fakten und eindeutigen, zufriedenstellenden Antworten auf der einen Seite und problemsichtigem Weiterfragen und hoher Reflektiertheit auf der anderen Seite wohl auch bewusst. Klare Wissens- und Kompetenzstrukturen, die nicht ständig hinterfragt werden müssen, besitzen durchaus ihren Sinn und ihre Berechtigung, trotz des akademischen Spottes über den *Formularausfüllunterricht*. Die mittelalterliche Burg kann und soll in ihren Teilen benannt, nachgebaut, in ihrem Zweck und ihrer Funktion erläutert und mithilfe von interaktiven Medien oder Arbeitsblättern erklärt werden. Diese eindeutigen Aussagen sind wichtig und eine unumgängliche Hilfe für unser Weltverstehen, das ja immer eine in sich schlüssige, zumindest zeitweilig geschlossene, widerspruchsfreie Erklärung verlangt, um nicht an der Vielfalt der Dinge zu scheitern. Bedeutsam aber ist auch, dass diese Antworten dennoch ein Weiterfragen und

Weiterdenken, ein Relativieren und adaptives Verändern bei neuen Erkenntnissen und Fragen ermöglichen. Dies erst bewahrt die Grundschule vor unfruchtbarer, formalisierter Erstarrung.

Bei aller Liebe zur Suche nach der Wahrheit ist diese relativierende, vielperspektivische, differenzierende Herangehensweise nicht unbedingt besonders attraktiv und verlangt zumindest einen langen Atem, gerade bei historischen Sachverhalten.[25] Um bei unserem Beispiel der mittelalterlichen Burganlage zu bleiben: Aus dem ersten Eindruck einer starken, mächtigen Befestigung hoch über Eisenach, errichtet vom Grafen Ludwig von Schauenburg, differenziert sich die gedankliche Vorstellung der Wartburg aus. Man überblickt die verblüffend lange Entstehungs- und Bauphase, kann Umgestaltungen erkennen, die verschiedenen, sich ändernden Funktionen wie Schutz, Repräsentation, Verwaltung, Vorratshaltung und Zuflucht verstehen, der Fülle von Baulichkeiten von den Burgmauern bis zu den Wohnräumen ihre Merkmale und ihren Sinn zuordnen und begreift vielleicht einen Teil der nicht sichtbaren Bedeutsamkeit. Die wirtschaftliche und gesellschaftliche Stellung des Burgherrn und der anderen Bewohner, die Arbeits- und Abhängigkeitsverhältnisse, das Lehnswesen, die dahinterstehenden, notwendigen Frondienste usw. deuten sich an. Die Antwort auf die Frage, was denn nun das Wesen etwa der Wartburg ausmache, was diese Anlage für ein Phänomen – nicht nur ein Bauwerk! – sein könnte, wird immer umfänglicher und komplizierter ausfallen, wird immer ein Sowohl-als-auch beinhalten. Bei der menschlichen Vorliebe für einfache, möglichst endgültige und klare Antworten ist das nicht unbedingt eine beglückende Entwicklung.

Noch einmal, gerade an dieser Stelle: Auch damit ist keine Wertung verbunden, ob Intuition oder Ratio höher zu stellen sind. Beide

---

25 Selbst eine auf den ersten Blick derart eindeutige Sachlage wie die der Kriegsschuldfrage am Ausbruch des ersten Weltkrieges gebärt bei fortschreitendem Forschungs- und Wissensstand ein ganzes Bündel immer differenzierterer und komplizierterer Antworten, die zudem immer nur Vorläufigkeitscharakter haben (vgl. bspw. Clark 2014).

besitzen ihr eigenes Recht, und oftmals wird gerade das bewusst Vollzogene, das Überlegte, das lange Abgewogene als unbefriedigender empfunden als das Intuitive und Unreflektierte, das mutig Gewagte.

3.3.4 Spezialisierung

Die kindliche Weltbegegnung und das damit verbundene Lernen sind anfangs grundsätzlich eher umfassend und unterschiedslos angelegt und stark von der zufälligen Lebenswelt abhängig, auch wenn inzwischen das konstruktivistische Erkenntnisparadigma und die Entwicklungspsychologie starke Hinweise auf eine bereits sehr frühzeitige selektive Wahrnehmung liefern. Dennoch sind es zunächst allseitige und ungerichtete Suchbewegungen, die Erfahrungen zum Verstehen der Um- und Lebenswelt ermöglichen. Durch die Schule wird diese Suchbewegung, wie bereits mithilfe der ersten drei Modi kurz umrissen, zunehmend abstrakter, reflektierter und formaler. Und noch ein weiteres Moment kommt hinzu, bei dieser allmählichen Ablösung von der zunächst konkreten, personengebunden, informellen und unreflektierten Weltbegegnung: Das der immer stärkeren Spezialisierung und Spezifizierung, die die anfängliche Diffusität ablöst. Talcott Parsons benutzte aus soziologischer Perspektive in diesem Zusammenhang schon in den 1950er Jahren beim Übergang von umfassenden familiären in speziellere schulische Strukturen das dichotome Begriffspaar *Diffuseness* vs. *Specifity* (vgl. Parsons 1979).

Mit dieser neuen Modalität wird an den Gedanken angeknüpft, dass der Gesamteindruck immer feiner und trennschärfer ausdifferenziert wird und dass sich dabei einzelne Wahrnehmungen, Phänomene und Erklärungsversuche immer nachdrücklicher aus dem Gesamtzusammenhang lösen. Eine Unzahl immer neuer, schärferer Details werden unterschieden, gerade unter der Perspektive von Rationalität und Fachlichkeit. Aus der ungebremsten kindlichen Enträtselungsnaivität wird unter der Fülle dieser Einzelheiten allmählich die Einsicht, nicht alles erfahren, erkennen, verstehen zu können. Es bleibt im Laufe der

Zeit das ernüchternde Fazit, dass wir bei dem gewaltigen Weltenmosaik die meisten Steinchen niemals zusammenfinden werden, und dass, zu allem Überfluss, unter diesem obersten Bild vielleicht noch viele andere Schichten und Mosaiken liegen, dass also, bei genauerem Nachdenken, jede Antwort wieder nur neue Fragen aufwirft – dass wir nicht alles verstehen können. Aufgabe der allgemeinbildenden Grundschule ist es nun, diese Enttäuschung zu moderieren und diese Einsicht in die eigene Beschränktheit verständlich zu machen; als positive Umgangsweisen bietet sie Spezialisierung und Elementarisierung an – Konzentration und Beschränkung also. Damit können die Pole dieser Modalität, der bereits genannten Reflektiertheit eng benachbart, am besten so beschrieben werden: von Allzuständigkeit zu Spezialisierung.

Wie aber lässt sich diese Einsicht in unsere Unzulänglichkeit und Beschränktheit mit dem bildungstheoretischen Axiom von umfassender Allgemeinbildung zusammenbringen? Muss da nicht ein unauflöslicher Widerspruch zu Humboldts Vorstellungen von Universalität und Totalität der Bildung entstehen, die ja die deutsche Schullandschaft entscheidend mitgeprägt haben? Und schließlich sieht Wagenschein in einer Spezialisierung auf bestimmte Wissensgebiete sogar eine Mangelform von Bildung, die er als *deformatio* brandmarkt (vgl. Wagenschein 2000). Meiner Meinung nach lässt sich diese Diskrepanz zumindest prinzipiell auflösen. Einerseits ist diese Einsicht, dass wir Menschen eben nicht alles können und wissen können, unumgänglich, andererseits kann aber die Grundschule einen umfassenden Einblick in die bereits beschriebenen Dimensionen und Modi der Weltbegegnung ermöglichen, sie muss es sogar, nach meiner Idee von Grundlegender Bildung. Dies verbunden mit der ebenso klaren Einsicht, dass nicht jede Dimension und jeder Modus in ihrem ganzen Potential genutzt und ausgeschöpft werden können – zumindest solange man unter seinen Erstklässlerinnen und Erstklässlern keine Reinkarnation von Gottfried Wilhelm Leibniz entdecken kann. Auch der kognitionspsychologische Verweis auf die erhöhte Fassungskraft vernetzten Denkens setzt dieses menschliche Grundgesetz nicht außer Kraft und selbst das beste Netz negiert nicht den Grundcharakter eines Netzes: Nämlich zum überwiegenden Teil aus Löchern zu bestehen.

Dem naiven kindlichen Zugriff auf die ganze Welt und damit auch auf sich selbst sind also, zumal in einer hochkomplexen nachindustriellen Gesellschaft, klare Grenzen gesetzt. Dafür aber können und müssen wir uns auf bestimmte Dinge und Aspekte konzentrieren und müssen andere Gebiete im Gegenzug aufgeben.[26] Letztendlich kann unter diesem Modus auch eine erste Einsicht in gesellschaftlich notwendige Arbeitsteilung angebahnt werden. Mit diesem Verständnis, eben nicht immer und überall für alles zuständig zu sein, wird möglicherweise auch zumindest in Umrissen erkennbar und plausibel, dass zwischen Schule und Leben eine unaufhebbare Differenz besteht. Schule ist der spezielle, gesellschaftlich erforderliche Ort für Lernzeit, für systematische Vorbereitung, weil eben das Leben selbst in seiner unüberschaubaren Vielfalt, Ganzheitlichkeit und Unberechenbarkeit dieses planvolle Lernen meist unmöglich macht. Schulische Einrichtungen bedeuten ihrem Grundgedanken nach immer Als-ob-Situationen, spezielle Übungssituationen, die von Anwendungssituationen spezifisch zu unterscheiden sind (vgl. Herrlitz et al. 2009).

Wohlgemerkt: Bei all diesen Zielsetzungen ist natürlich vollkommen klar, dass Einsichten höchstens angeboten oder angebahnt, aber nicht direkt vermittelt werden können und es alleine dem lernenden Subjekt zukommt, sich und seine Welt zu konstruieren, und dass dieses lernende Subjekt auch von der didaktisch geschicktesten Lehrkraft nicht von seinem möglichen Anspruch auf Allwissenheit abgebracht werden kann. Aber der hilfreiche Hinweis auf die menschliche Begrenztheit wäre gerade bei dem aktuellen, oft krampfhaften Streben nach Selbstvervollkommnung u. U. manchmal durchaus entspannend. Gerade Schule selbst ist als beschränkter Ort

26 Um noch einmal auf Immanuel Kant zu verweisen: »Es ist demütigend für die menschliche Vernunft, dass sie in ihrem reinen Gebrauch nichts ausrichtet, und sogar noch einer Disziplin bedarf, um ihre Ausschweifungen zu bändigen, und die Blendwerke, die ihr daherkommen, zu verhüten.« (Kant 1998, A 795/B 823). Wir scheinen zwar für das Stellen von Fragen vernünftig genug zu sein, nicht aber für das Finden von Antworten.

eben nicht für alles gedacht und geeignet, kann weder vollkommene Bildungsgerechtigkeit noch politischen Weltfrieden herstellen, meistens auch keine zerrütteten Familien therapieren oder gesellschaftliche Spaltungsprozesse wirklich aufhalten. Sie kann aber ein spezieller Ort der Reflexion sein, ein Standpunkt des Nachdenkens außerhalb der bloßen Alltagshandelns, und damit natürlich auch zu bewussterem Handeln anleiten. Diese Selbstbeschränkung scheint notwendig, um auch Stärken und Schwächen entdecken zu können; dazu gehört auch die Entdeckung, dass das Scheitern und die Schwäche als Normalität zu sehen sind, um die kindliche Vorstellung von Allmacht zu zivilisieren. Diese Einsicht führt allmählich zu einer Aufgliederung der Welt in verschiedene Funktionsbereiche und Zuständigkeiten, zu Arbeitsteilung und Lebensprovinzen, was als ein Merkmal von Kultur und arbeitsteiliger, moderner Gesellschaft zu verstehen ist: Die schlichte Einsicht, dass wir nicht alles selbst tun müssen, weil es andere gibt, die das besser können oder besser gelernt haben. Daraus kann natürlich eine Hierarchie von Kompetenzen entstehen. Am Beispiel der mittelalterlichen Burg würde dies bedeuten, dass man zugestehen kann, nicht wirklich alles darüber wissen zu müssen, sondern Schwerpunkte setzen darf, Inseln der Expertise sozusagen, und für andere Bereiche eben auch wieder die Zuständigkeit, das Wissen, das Können, die Kompetenzen anderer Menschen in Anspruch nehmen muss.

In Konsequenz führt diese Einsicht in die Beschränktheit und Punktualität unseres Wissens auch zu der Trennung von Schule und Leben, wie oben bereits angedeutet. Dies ist in historischer Sicht ein notwendiger Prozess, weil eben die Möglichkeiten des Lebens, gleichsam im Mitvollzug en passant alles Notwendige und Sinnvolle lernen zu können, nicht mehr ausreichten und deshalb ein spezieller Ort der Belehrung und des Lernens geschaffen werden musste (vgl. Herrlitz et al. 2009). Auch hier wieder ein durchaus zwiespältiger Befund: Diese Trennung, die Lebensferne der Schule begleitet diese Institution von ihren ersten zarten institutionalisierten Formen an (vgl. Rousseau 1997), ihr öder und zwanghafter Charakter soll nicht beschönigt werden. Aber immerhin hat dieser Schonraum auch den angenehmen Effekt, dass eine schulische Sachaufgabe eben auch nur eine schulische Sachaufgabe ist und daher ein hässlicher Rechenfehler bei dieser Aufgabe weder in den Ruin noch in den Strafvollzug führt.

3.3.5 Verstetigung

Das vorschulische Leben und Lernen der Kinder ist, wie mehrfach erwähnt, von divergierenden, situativen, oft sehr kurzfristigen Umständen und Gegebenheiten geprägt. Das Lernen in der Grundschule schafft demgegenüber mehr Konstanz, es fordert und fördert in aller Regel eine Verstetigung und Langfristigkeit. Zudem werden viele Inhalte aus einem direkten Kontext gelöst, Schule verweist oft genug auf eine spätere Anwendung des Gelernten in einer fernen Zukunft und braucht für die meisten Inhalte einen lang andauernden Übungsweg.

Daher lässt sich also ein fünfter Modus, auch dieser wieder in engem Zusammenhang mit den vorher gehenden Modi gedacht, als die Verstetigung gegenüber dem Momentanen beschreiben.

Im Detail bedeutet dies zweierlei: Zum einen meint dies, dass zahlreiche Lernaufgaben eben nicht situativ und spontan angelegt und rasch erledigt sind, sondern dass dafür längere Zeiträume und eine wiederholte, systematische Aneignung notwendig sind. Zum zweiten bedeutet das auch, dass die Stoffe, Themen und Inhalte aus ihrem sofortigen und unmittelbaren Verwendungszusammenhang gerissen sind. Die meisten schulischen Inhalte verweisen immer darauf, erst später einmal sinnvoll oder nützlich zu sein, anschlussfähig zu werden, sie sind ein Versprechen auf die Zukunft. Diese Zukunft kann durchaus ziemlich kurzfristig gedacht sein, also eine relativ rasche Brauchbarkeit ermöglichen, wenn zum Beispiel die gerade gerechneten Sachaufgaben gleich nach der Schule beim nächsten Bäckerladen in die Realität übertragen werden können. Im Moment der schulischen Behandlung aber sind sie gleichwohl immer noch im zeitlich abgetrennten Schonraum neben oder vor der außerschulischen Lebenswelt. Und meistens beinhaltet dieses Versprechen auf längerfristigen Nutzen eine ausgesprochen langfristige Zeitbindung, wenn etwa grammatikalische Strukturen mit dem Blick auf eine später einmal zu lernende Fremdsprache vermittelt werden.

Durch die Allokations- und Qualifikationsfunktion des Bildungswesens, bei der es um die Zuweisung und Verteilung von Schul- und Berufslaufbahnen, um das Attestieren von Studierfähigkeit und Akademietauglichkeit geht, sind diese Verkopplungen natürlich schwer nachvollziehbar und in emotionaler Hinsicht geradezu noch Lichtjahre entfernt. Die schlichte Frage einer Zweitklässlerin, warum sie zunächst einmal verzwickte Sachunterrichtsprobleme zu lösen und den schweren und selektiven Parcour der deutschen Rechtschreibung abzugaloppieren habe, bevor sie danach Dressurreiterin oder Tierärztin werden könne, lässt sich oft nur unbefriedigend beantworten. Der lahme Verweis *»Das brauchst du später als Tierärztin, wenn du Diagnosen schreiben musst«* wirkt vor den Hürden der Orthographie nur als schwacher Trost und ziemlich vage Vorhersage. Schließlich gehört es zu den unangenehmen Eigenschaften der Zukunft, erst einmal grundsätzlich unbekannt zu sein. Dass mit dieser zeitlichen Verstetigung außerdem ein Aufschieben momentaner Bedürfnisse verbunden ist, Geduld, Ausdauer, Einsicht und Selbstdisziplin, weist auf den ausgeprägten Charakter von Schule als Ort der Disziplinierung hin, was zunächst einmal sowohl negativ wie auch positiv konnotiert werden kann und was durchaus eine bis heute andauernde bildungssoziologische Debatte befeuert (vgl. Foucault 1987, Fischer 2013).

Aber über die Notwendigkeit einer langfristigen Zeitbindung und über die allokativen Aufgaben eines Bildungssystems kann natürlich mit den Schülerinnen und Schülern gesprochen werden und die mit diesem Modus der Verstetigung verbundenen Spannungen können durchaus bewusst gemacht werden.

Zunächst einmal, mit Blick auf den Status Quo der Grundschule, soll festgehalten werden, dass unter den aufklärerischen Sinn der allgemeinbildenden Schule auch das notwendige Aufklären über sich selbst fällt, den Stellenwert und die Funktion der eigenen Zeitbindung, Konstanz und Verstetigung. Es gehört zentral zum Wesen einer demokratischen Schule, über sich selbst in aller Transparenz Rechenschaft abzulegen.

3.3.6 Verpflichtung

Unter dem letzten Modus lässt sich schließlich eine weitere, ganz pragmatische, ernüchternde, prosaische, aber kaum zu übersehende, sogar ziemlich rabiate Umgangsweise mit den schulischen Lehr- und kindlichen Lernprozessen fassen: Schule stellt, zumindest in Deutschland, ganz einfach eine Pflichtveranstaltung dar.

Die kindlichen Lern- und Bildungsprozesse sind ja im vorschulischen Leben relativ stark durch Freiwilligkeit gekennzeichnet, auch wenn etwa beim Laufen-, Sprechen-, Schwimmen- und Radfahren-Lernen durchaus ein gewisser Druck durch Eltern, Erzieher oder vielleicht noch die konkurrierenden Gleichaltrigen vorhanden sein kann. Dieser aber hängt hauptsächlich vom Ehrgeiz, dem Geschick und der Nervenstärke der beteiligten Erziehungsberechtigten ab. In der Schule jedoch wird diese persönliche Anleitung durch die bürokratische und egalisierende Unbeugsamkeit der Institution ersetzt.

So lässt sich der letzte Modus, den Schule vom ersten Tag an vermittelt, beschreiben als Verpflichtungsmodus: von der Freiwilligkeit, dem Lernen nach innerer Motivation, der Verfügbarkeit über die eigene Zeit, hin zur Pflicht. Dass Schule zum obligatorischen, verpflichtenden, egalitären Standardprogramm für alle gehört, kann durchaus unter dem philanthropischen Anspruch einer Zwangsaufklärung für alle abgehandelt werden. Für viele Kinder ist die Schulpflicht der erste echte Zwang im Leben, dem nicht durch elterliches Nachgeben oder Aushandlungsprozesse ausgewichen werden kann. Es wird eben nicht im persönlichen Dafürhalten eines Individuums oder im familiären Gutdünken belassen, ob jemand unwissend bleiben möchte. Er oder sie wird, im Rahmen des Möglichen, wissend gemacht. Immerhin kann und sollte eine Einsicht in diesen Zwang ermöglicht werden, denn natürlich wird mit dieser Verpflichtung den Kindern Zwang angetan, so sehr man ihn auch durch farbenfrohe Gebäudegestaltung und durch liebenswürdiges Personal abmildert. Das *Sich-fügen-in-Verpflichtungen* kann sicher als ein zentraler Funktionsmodus von Schule beschrieben werden (vgl. Giesecke 1999).[27]

Mit dieser Verpflichtung, dieser Zwangsaufklärung wird den SchülerInnen gleichsam die Verfügungsgewalt über die eigene Unwissenheit genommen. Um bei unserem historischen Beispiel zu bleiben: Die Kenntnisse über die Art und Bedeutung mittelalterlicher Burganlagen bleiben grundsätzlich nicht mehr dem zufälligen Interesse und der Vorerfahrung der Schüler überlassen, sondern werden als obligatorisches Lernangebot jedem bereitgestellt – zumindest falls sie als wissenswerte Inhalte in den jeweiligen Lehrplänen auftauchen.

27 Ganz unbestritten ist dieser Zwangscharakter von Schule seit der flächendeckenden Einführung der Schulpflicht auch ein steter Dorn im Auge der Pädagogik gewesen und führte sehr bald schon zu alternativen Schulmodellen, die eine mehr oder weniger starke Freiwilligkeit des Lernens anstelle der Zwangsbelehrung propagierten, wie in Summerhill, den Sudbury-Schulen und anderen Freien Alternativen Schulen (vgl. Jung 2014). In diesem Zusammenhang muss auch auf die in Deutschland bestehende Schulpflicht hingewiesen werden, die in vielen europäischen Ländern lediglich als Unterrichtspflicht, also auch etwa durch home-schooling, realisiert werden kann, ohne den zwangsweisen Besuch einer Institution.

4

Bilanzierungsversuch und Fazit: Welchen Ertrag liefert die Theorie der Grundschule?

Vor einem abschließenden und resümierenden Blick auf das bisher Dargelegte sei zunächst noch einmal viererlei betont:

Erstens ist die Zusammenstellung und Auflistung der skizzierten *Dimensionen* und *Modi*, also die *Richtungen* und *Gangarten* der Welterschließung, lediglich ein erster Diskussionsvorschlag, ein Versuch, der sich weder als allumfassend und vollständig noch als endgültig versteht.[28] Umfang, Binnenstruktur und Anzahl der Modi lassen sich, ebenso wie die der Weltbegegnungspfade, natürlich im Weiteren diskursiv modifizieren. Es geht im Wesentlichen um den Einblick in diese Pfade und, quer dazu, die Modi der Welterkenntnis als zentrale Elemente Grundlegender Bildung und damit um den konstitutiven Kern von Grundschule. Dieser Vorläufigkeitscharakter kommt deshalb notwendigerweise der gesamten Theorie der Grundschule zu, die zwar in der Idee der Grundlegenden Bildung ein eindeutiges Zentrum besitzen soll, aber deren genaue Ausformung noch keineswegs in bildungstheoretischen Beton gegossen wurde.

Zweitens stellen, wie mehrfach betont, vor allem diese *Weltbewältigungsmodi* keine normativen Setzungen dar, sondern eine schlichte, relativ neutrale Beschreibung der Funktionen, die Grundschule bei ihrer Einführung in die sozialen Gegebenheiten einer modernen Informationsgesellschaft nun einmal übernommen hat. Die Anpassung an die Gegebenheiten ist natürlich aus pädagogischer und bildungstheoretischer Sicht ein neuralgischer, durchaus umstrittener Punkt, der den Eigenwert des Erzieherischen in gewisser Weise aushebelt. Auf diese Autonomie der Pädagogik wird ja gerade im deutschsprachigen Raum gerne hingewiesen, und sie wird durch eine weitgehende gesellschaftliche Funktionalisierung zumindest in Frage gestellt, wenn nicht obsolet. Wenn am Ende eines ausführlichen, wissenschaftlichen und bildungspolitischen Diskurses als breiter Konsens festgestellt werden kann, dass die Grundschule diese Anpassung beispielsweise an Rationalität, Verstetigung oder Verpflichtung nicht zu leisten habe, dann können und müssen die gesetzlichen und administrativen Rahmenbedingungen von Schule entsprechend natürlich geändert werden. Ganz zweifellos wird von pädagogischer Seite die permanente Anpassung an die Modi, an die Spielregeln

28 Damit ist keineswegs ein Versuch im Sinne der Essays von Michel de Montaigne, Walter Benjamin oder Ernst Cassirer gemeint, sondern wirklich nur ein Versuch als Versuch in seiner ganzen Vorläufigkeit; alles andere wäre anmaßend.

unseres Zusammenlebens in einer unvollkommenen Leistungsgesellschaft, immer wieder kritisiert – und durchaus zu Recht (vgl. z. B. v. Hentig 1993). Diese Schwäche der Institution Schule hat ja auch von Anfang an zahlreiche Reform- und Alternativschulen auf den Plan gerufen. Eine grundsätzliche Neudefinition der Aufgaben und Funktionen von Grundschule ist natürlich denkbar, bedeutet in Konsequenz aber auch, dass die Schule in ihrer jetzigen Form unter Umständen aufgegeben werden muss.

Nach aktueller Lage allerdings nimmt die Schule diese Anpassungsleistungen an bestehende Modi und Umgangsformen durchaus vor, meist jedoch ohne dies explizit zu formulieren und transparent zu machen. Solange aber diese Lern- und Anpassungseffekte gleichsam unter der Hand ablaufen, also via heimlichen Lehrplan, nur halbintendiert und halbbewusst von der Lehrkraft angeleitet und nur halbtransparent von den Schülerinnen und Schülern wahrgenommen werden, ist es beinahe unmöglich, sich dagegen zu verwahren oder sie reflektiert anzugehen.

Drittens sei noch einmal unterstrichen, dass es nicht um ein Einüben, einen Science-Drill auf diesen Pfaden und innerhalb dieser Modi geht, nach dem didaktischen Motto: Wir üben jetzt einmal in der historischen Dimension das Verstetigen und Abstrahieren. Es geht in erster Linie um ein Aufzeigen, einen allerersten Einblick in diese Möglichkeiten und Entwicklungsaufgaben, um eine in Ansätzen mündige Entscheidung zumindest möglich zu machen. Konkret bedeutet dies, dass etwa beim Einführen eines Begriffes wie *Bergfried* der abstrahierende Charakter eines Begriffes irgendwann einmal zur Sprache kommt und verdeutlicht wird. Dies meint, dass den Schülerinnen und Schülern (und Lehrkräften) klar wird, was sie tun: Dass sie nämlich etwa durch Verbalisierung in diesem Wort *Bergfried* eine ganze Fülle unterschiedlicher Bilder subsummieren, die dieses Wort konkret, aber in ganz unterschiedlicher Weise ausfüllen können. Und dass es beim Aufzeigen der welterschließenden historischen Dimension in erster Linie weder um ein Fakten- noch ein Kompetenzentraining geht, sondern um zwei grundsätzliche Einsichten: Wir können uns, erstens, mit Vergangenem beschäftigen, und wir gewinnen durch diesen Blick in die Geschichte ein Verständnis für die Welt und uns selbst. Zudem können wir, zweitens, diesen aufschlussreichen Einblick in die Vergangenheit mithilfe der verschiedensten historischen Phänomene und auf unterschiedlichste Arten gewinnen.

Erst ein gewisses Verständnis für die Funktion und die Aufgaben der Grundschule, für die Spielregeln dieser Institution gibt dem Educandus letztendlich auch einen gewissen Handlungsspielraum bei seinem weiteren (Selbst-)Bildungsweg. Die Schülerinnen und Schüler mögen je nach ihren Potentialen und Interessen diese Dimensionen und Modi erahnen oder erkennen, die Wege aber wirklich zu beschreiten oder die Gangarten zu verwenden, darin sind sie je nach volitionalen Möglichkeiten oder nach eigenem Willen letztendlich frei.

Viertens sind die beschriebenen Dimensionen und Modi in dieser Veröffentlichung immer in ihrer Reinform und radikalen Abgrenzung und Konzentration beschrieben, in einer Art und Weise also, wie sie realiter nicht zu finden sein werden. Zudem wird hier auch stets eher das Ziel oder der Endzustand eines lebenslangen Prozesses in den Blick genommen; eines Prozesses, der in der Grundschule lediglich eingeleitet wird und der bei jedem Individuum selbstverständlich auch in ganz unterschiedlicher Weise weitergeführt oder eben auch abgebrochen werden kann.

Nach diesen relativierenden Hinweisen aber die entscheidende Frage: Was also bedeutet das, was hilft dieser Entwurf von Grundlegender Bildung mit seiner Strukturierung in Dimensionen und Modi der Institution, der Profession, der Disziplin?

Grundsätzlich lässt sich natürlich einwenden, dass diese Fokussierung auf Grundlegende Bildung als vernetztes System von Dimensionen und Modi, also Weltbegegnungspfaden und Richtungen auf der einen Seite und Fortbewegungs- und Umgangsweisen auf der anderen Seite, zu nüchtern, zu rational und zu verkopft sei, zu wenig Emotionalität, zu wenig Sozial- und Persönlichkeitserziehung beinhalte, dass Freude, Lust und der Aufbau von Selbstbewusstsein und Selbstkonzept zu kurz kämen.

In der Tat wurden diese Ziele nicht explizit mitaufgenommen. Beim Verfasser besteht allerdings die berechtigte Hoffnung, dass das bewusste Entdecken und Erfahren von Wegen, Potentialen, Möglichkeiten für sich schon eine emanzipatorische Kompetenzerfahrung, die Andeutung von Selbstwirksamkeit beinhalten dürfte, von zunehmender Autonomie und Selbstbestimmung als menschlichem Grundbedürfnis, von self-enhancement, von Lernlust und Könnensfreude (vgl. Deci & Ryan 2008). Und natürlich darf all das Aufzeigen und Entdecken derart lustvoll und fröhlich und hingebungsvoll vor sich gehen, wie es die Lehrkraft zu verantworten mag – all das ist nicht ausgeschlossen! Aber wenn eine Schülerin oder ein Schüler ernst, zurückhaltend und gefühlsökonomisch arbeiten will, so wird die Schule das auch nicht verhindern können. Zudem fehlt m. E. der allgemeinbildenden Schule für einen echten Eingriff in die Persönlichkeit, für eine dauerhafte Beeinflussung des Selbstkonzepts im eigentlichen Sinne ein wirkliches Mandat.[29] Es bleibt nur, darauf zu vertrauen, dass Bildung in dem vorher umrissenen Sinne eine gewisse Grundfreude, eine Weltzuversicht durch diesen Kompetenzzuwachs bewirken wird.

4.1 Was ist der Ertrag einer Theorie der Grundschule für die Disziplin?

Möglicherweise wäre es hilfreich, wenn Forschung und Lehre in ihrer Konzentration auf Grundlegende Bildung immer wieder die Frage im Blick behalten würden, was denn das jeweilige Vorhaben mit der umrissenen Vorstellung von Grundlegender Bildung zu tun habe. Was

---

29 Entsprechende Vorgaben etwa durch die jeweiligen Landesverfassungen bzw. die Schulgesetzgebung sind meist relativ abstrakt gehalten, wie etwa in der bayerischen Verfassung, dass Schule nicht nur Wissen und Können zu vermitteln, sondern auch Herz und Charakter zu bilden habe; auch in den Lehr- und Bildungsplänen bleiben die sozialen Lernziele und Kompetenzen meist schwer überprüfbar und noch schwerer beurteilbar.

dieses Forschungsfeld dazu beitragen könne, dass Schülerinnen und Schüler eine Einsicht in die Wege und Umgangsmodi gewinnen? Bei einem empirischen Forschungsprojekt zum Zusammenhang von Selbstwirksamkeitsüberzeugung und Lernerfolg könnte dies die Abgrenzung zur Lernpsychologie erleichtern bzw. auch verdeutlichen, worin die spezifischen Folgerungen für eine Dimension der Grundlegenden Bildung liegen. Wie etwa Selbstwirksamkeit nicht nur mit dem Lernen und Kompetenzzuwachs im Allgemeinen korreliere, sondern noch spezifischer mit den beschriebenen Bereichen Grundlegender Bildung in Zusammenhang zu bringen sei? Ganz konkret könnte dies beispielsweise das Herausbilden einer der geistigen Hauptrichtungen Grundlegender Bildung sein, nämlich einer bewussten Forscherhaltung als Teil der naturwissenschaftlichen Grundausrichtung. Ähnliches wäre etwa bei einem Projekt zu förderlichem Lehrerfeedback möglich, wenn diese Rückmeldungen zu einer eher reflektierten, differenzierteren Modalität führen sollen. Bei einem historischen Forschungsvorhaben dagegen, etwa zur Entwicklung der Grundschule unter den Verhältnissen einer Diktatur, ließe sich auf die Funktionalisierung und Instrumentalisierung bestimmter Dimensionen grundlegender Bildung zur Erzeugung eines uniformen historischen Bewusstseins fokussieren, was im Sinne einer emanzipatorischen, mündigmachenden Bildung als Verengen, Festlegen und weitgehendes Absperren dieser geistigen Grundrichtung angesehen werden könnte.[30] Das bedeutet wiederum ganz konkret, dass genau an einem derartigen Forschungsprojekt aufgezeigt werden kann, wie eben Grundlegende Bildung durch die Blockade und Ideologisierung

30 Als forschungsmethodisches Beispiel ließe sich etwa die politische Vereinnahmung des Geschichtsunterrichts im III. Reich anführen, als sich diese historische Dimension auf den Aspekt der germanischen Geschichte im Modus personalisierter Heldenerzählungen mit der Lichtgestalt Hitlers verengte (vgl. Götz 1997). Ähnliches gilt für die Funktionalisierung des Sprachunterrichts durch die Vermittlung politisch erwünschter Kinderbilder in der DDR (vgl. Stürmer 2014).

einer Dimension verhindert werden sollte. Daneben könnte es ein außerordentlich fruchtbares Forschungsvorhaben sein, wie sich unter inklusiven Bedingungen für alle Kinder Einsichten in historische, sprachliche, naturwissenschaftliche Dimensionen und bestimmte Modi etwa der Abstrahierung gewinnen lassen könnten, als ganz konkrete Fragestellung: Was bringt den SchülerInnen der Begriff *Bergfried*?

Der Bezug zu den Dimensionen und ihren Modalitäten als einem Bestandteil Grundlegender Bildung könnte die an vorheriger Stelle anskizzierten grundschulpädagogischen Forschungsrichtungen dann in der Tat stärker zentrieren. Bei der immer wieder betonten Autonomie der Forschung und der Vielfalt universitärer Traditionen dürfte diese Zentrierung allerdings kein einfaches Unterfangen werden.

4.2 Was ist der Ertrag einer Theorie der Grundschule für die Institution?

Die veränderte Situation der Grundschulen wurde in den ersten Kapiteln bereits unter den Schlagworten Sozialpädagogisierung, Inklusion und Ganztagsbetreuung kurz umrissen. Dass hier für die Institution einerseits eine Überdehnung und Überforderung zu befürchten ist, anderseits eine Superinstitution mit umfassendem Zugriffsrecht zu entstehen droht, ist sicher nicht ganz unbegründet. Mit der Konzentration auf ihre Kernaufgabe Grundlegende Bildung sollten sich die Zuständigkeiten und Aufgaben klarer abgrenzen oder neue Aufgabenfelder besser definieren lassen. Ganz konkret bedeutet dies etwa, dass die Rolle der Institution Grundschule nicht primär darin besteht, Zuträger für weiterführende Schulen zu sein, ein Selektionsort für Schullaufbahnen, aber auch nicht der große Kompensator, der soziale Ungleichheiten zu nivellieren und auszugleichen habe und der alle wirklichen oder angenommenen Versäumnisse des Elternhauses und der Gesellschaft ausbügeln müsse. Ebenso wenig ist die Grundschule in ihrem Kern eine Betreuungseinrichtung, und sie ist auch keine gut geölte Bildungsmaschinerie, die sich über ihren Output an Kompetenzen und Wissen zu definieren habe. All diese kompensatorischen Leistungen, Lernerfolge oder egalisierenden Funktionen können sich bei der Anbahnung, Vermittlung und Realisierung Grundlegender Bildung, also beim Nachdenken und Entdecken der Dimensionen und Modi, durchaus ergeben. Sie ergeben sich vielleicht sogar gerade dann, wenn Kinder eben genau durch diese erste gemeinsame, allgemeinbildende Schule einen befreienden Blick etwa in die sprachliche Dimension der Welt werfen können und dabei die durchaus anstrengenden Modi von Reflexivität und Verstetigung erleben. Ein Zuwachs an materialem und formalem Wissen und an Kompetenzen soll, kann und wird sich ergeben, aber er ist nicht das ganz entscheidende Moment. Zentrale Aufgabe und primäre Zielsetzung Grundlegender Bildung ist es, jedem Kind einen Einblick in die Dimensionen und Modi zu ermöglichen, ein Grundverständnis beispielweise von Sprache anzubahnen und ein Nachdenken über Sprache anzuregen. Unnötig zu betonen, dass dieser Einblick, dieses Nachdenken, gerade auch unter den Vorzeichen einer inklusiven Schule, sicherlich auf sehr unterschiedlichen Niveaus stattfinden wird. Aber trotzdem oder gerade auch deswegen lässt sich auf jedem Niveau von Grundlegender Bildung sprechen. Dies heißt für die Institution und ihr Selbstverständnis aber auch, dass die Grundschule nicht lediglich der Erfüllungsort detaillierter Lehrplanvorgaben ist, wie beispielsweise bestimmter Rechtschreibregeln, sondern im Kern die viel wichtigere Einsicht in das Potential von Sprache, die Notwendigkeit von Schriftsprache, vielleicht auch ihrer Normierung für eine gelingende Kommunikation anzustreben habe.

Erst wenn dem Kind bewusst geworden ist, was Schule mit ihr oder ihm macht, und warum sie dies tut, was ihre Aufgaben sind, steht ihr oder ihm zumindest teilweise frei, sich zu entscheiden, inwieweit diese Dimensionen und Modi genutzt und mitvollzogen werden. Jetzt können sie verstanden und angewendet werden oder, im umgekehrten Fall, es kann sich ihnen vielleicht sogar bewusst widersetzen.

Zentrale Aufgabe Grundlegender bzw. *Nuklearer* Bildung innerhalb der Grundschule wäre dann also das reflektierte Eröffnen und Bewusstmachen dieser Pfade und Modi, ohne sich in Diskussionen über die Vorläufigkeit und die Reichweite dieser Wege und Umgangsweisen verzetteln zu müssen und damit gleichsam Rechenschaft über die eigenen Ziele und Aufgaben abzulegen.

4.3 Was ist der Ertrag einer Theorie der Grundschule für die Profession?

Ein ähnlicher Ertrag könnte sich vielleicht für die Kolleginnen und Kollegen im Unterrichtsalltag der Grundschulen ergeben, die sicherlich oft von einer beruflichen Überforderung und massiver Erweiterung ihrer Aufgabenfelder betroffen sind. Dies gilt, wie ebenfalls bereits skizziert, für die Forderung nach individuellen Lernangeboten bei gleichzeitigem Sichern von Bildungsstandards in Verbindung mit inklusiver, interkultureller und sozialerziehender Beschulung. Zudem werden dem professionellen Personal innovative Leistungen etwa beim Einführen neuer Zeugnisformen, Leistungsdokumentationen und spezifischer Schulprofile abgefordert. Ähnlich anspruchsvoll ist die oft formulierte Forderung, sich als Lehrkraft möglichst weit zurückzunehmen, möglichst unauffällig zu agieren und zu moderieren, zum bloßen Berater und Lernbegleiter zu werden. Es ist also eine Fülle zusätzlicher Aufgaben und Anforderungen erkennbar, die in aller Regel auch gerne und pragmatisch erfüllt werden, aber die Frage nach den Prioritäten offenlassen. Daher sollte als letztes diese Konzentration auf Grundlegende Bildung eine Hilfe für die Kolleginnen und Kollegen in der Praxis bedeuten, damit sie sich nicht in Kleinigkeiten, Nebenaufgaben und Sekundärfunktionen aufreiben. Sie soll ein Hinweis darauf sein, dass man als Lehrkraft auch einmal etwas zurückweisen kann, das nicht zu Grundlegender Bildung beiträgt. Dies mögen alle denkbaren sozialen oder ökologischen Projekte sein, häufige Öffentlichkeitsarbeit, evaluatorische Zusatzaufgaben, exzessive Fördermaßnahmen, das Entwickeln von elternzentrierten Beurteilungsgesprächen. Noch einmal: Das heißt nicht, dass man das als professionelle Lehrkraft zurückweisen *muss*, aber man *darf* alles dahingehend befragen, ob es wirklich einen Teil Grundlegender Bildung ausmacht, ob es für die Kinder zu einer tieferen und neuen Einsicht in die Welt beiträgt. Diese Einsichten in die Dimensionen des Weltverstehens *können* natürlich auch durch soziale, samariterhafte, emotionale Tätigkeiten gewonnen werden. Aber gerade bei diesen Projekten und Aktionen lassen sich sprachliche, gestalterische, ästhetische Wege verfolgen und bewusstmachen. Die Absicht dieser Publikation ist es lediglich, Lehrkräften hier einen professionellen Spielraum für ihre Entscheidungen aufzuzeigen, um mit den vielfältigen Forderungen souveräner umgehen zu können.

Das bedeutet, ehrlicherweise, nicht nur eine gewisse Entlastung, sondern auch eine anspruchsvollere Aufgabe: Es reicht eben nicht, nur die Kompetenz zu vermitteln, Rechtschreibregeln anzuwenden, eine Befragung durchzuführen oder ein Werkzeug zu gebrauchen, sondern man soll zum Nachdenken über diese orthographische Regel, diese Interviewtechnik, dieses Werkzeug anleiten – sich der schlichten Frage stellen, zu was das denn gut sei, zu welchem Zweck man sich dieser Schinderei zu unterwerfen habe, und zwar als Lehrkraft selbst und dann mit den Kindern gemeinsam. Dies bedeutet dann gewissermaßen eine gegenläufige doppelte Bewegung, um einen Gedanken Hans-Joachim Fischers aufzugreifen: Die erkundende, kennenlernende, erprobende Bewegung nach außen, in die Welt hinein, auf den angebotenen Wegen und Dimensionen, die die Schule im Rahmen ihrer Grundlegenden Bildung aufzuzeigen hat, und in Ergänzung danach die verstehende, reflektierte Bewegung nach innen, in den Lernenden hinein (vgl. Fischer 2013). Beide Bewegungen im Blick zu haben und eben auch diese verstehende Rückkehr zu sich selbst zu moderieren, das ist in der Tat eine überaus herausfordernde Aufgabe.

Sie birgt jedoch, in all ihrer Herausforderung, in dieser doppelten Bewegung einen pädagogischen Mehrwert. Denn in diesem Moment können sich die Qualifikations- und die Bildungsfunktion von Schule berühren, kann die alte Polarität von Handlungs- und Bildungswissen, wie Giesecke es nennt, ausgehebelt werden. Bei dieser Antinomie von Bildung und Handlung, von Wissen und Kompetenz hat es in historischer Sicht immer wieder Schwerpunktsetzungen gegeben und aktuell liegt das Hauptaugenmerk sicher eher auf dem Handlungswissen. Nach meinen Vorstellungen ist die Grenze zwischen Bildung und Qualifikation, zwischen Kultur und Gesellschaft, zwischen Handlung und Bildung jedoch keine feste Grenze, sondern eher eine permeable Membran. Sie stellt eine in beide Richtungen durchlässige Schicht dar, in der in der jeweiligen Anforderungssituation und nach didaktischer Anleitung quasi ein osmotischer Druck auf einer der beiden Seiten erzeugt wird, so dass Bildungswissen handlungsleitend umgewandelt werden kann bzw. Handlungswissen erweiternd und strukturierend in Bildungswissen zurückfließt.

Um es noch einmal zu betonen: Hier geht es nicht um einen Sinnierdrill, ein Nachdenken auf Biegen oder Brechen, sondern immer nur um die schlichte Frage: Warum tun wir das? Wozu ist das gut? Was ist der Sinn hinter unserem Lernen? Wie weit jede einzelne Schülerin bzw. jeder einzelne Schüler dann diese Sinnfrage aufnehmen und beantworten wird, sie für sich selbst zu einer Möglichkeit der Selbstbildung verwenden möchte, steht nur beschränkt in der Macht der Lehrkräfte.

Um es am Beispiel der Rechtschreibung noch einmal zu verdeutlichen: Das Hauptaugenmerk professioneller Tätigkeit im Sinne einer Grundlegenden Bildung liegt jetzt nicht so sehr darauf, dass absolut jedes Dehnungs-h sicher beherrscht und exzessiv eingeübt werden muss, sondern eher darauf, dass auf die wirklichkeitserschließenden Aufgaben der Rechtschreibung und der Schriftsprache im Allgemeinen verwiesen wird. Es geht gerade um Bewusstmachen und Einführen in diese Wege, Prozesse und Modi, als die beiden Pole, zwischen denen das menschliche Lernen aufgespannt ist. Dies meint nicht ein verhaltenspsychologisch munitioniertes Herstellen von Selbstreflexionsfähigkeit an sich, was sich im Schulalltag kaum ernsthaft belegen und nachweisbar erhöhen lässt, sondern ein wirkliches gemeinsames Nachdenken über den Sinn von Schreiben und Rechtschreiben, mit all seinen Abgründen und Mühen. Damit soll keineswegs einer Vernachlässigung von Inhalten und Kompetenzen das Wort geredet werden. Schließlich realisieren sich die Dimensionen und Modi ja immer in bestimmten Inhalten und unter bestimmten Handlungsweisen, aber von den Details sollte eben der Blick auf die Aneignungswege von Welt, die Disziplinen, und die damit kombinierten Modalitäten gelenkt werden. Der sprachliche und begriffliche Weltbegegnungspfad wird also z. B. durch den Modus zunehmender Abstrahierung ergänzt. Ein Teil *Nuklearer*, Grundlegender Bildung wäre dann der bewusste Umgang mit der Tatsache, dass von ganz konkretem Lernen zu immer abstrakt-symbolischerer Repräsentation fortgeschritten wird.

Die Theorie der Grundschule ist, wie hoffentlich nachzuvollziehen war, im ganzen Ernst als praktische Hilfe angelegt: Primäre Aufgabe der Schule ist nicht das Abarbeiten von Inhalten oder Kompetenzen, das Einschleifen von Verhaltensweisen, das Selektieren und Sortieren von Schülern, nicht Leistungsforderung und -beurteilung, sondern das Anbahnen von Einsichten in Richtungen und Umgangsweisen.

Unter der Maxime der Einsicht in diese geistigen Grundrichtungen und Umgangsweisen lassen sich die besagten Maßnahmen des Förderns und Auslesens in allen Bereichen natürlich auf ganz unterschiedliche Art und Weise konkretisieren und relativieren. Ganz zentraler Punkt bei diesen Einsichten muss es ja auch sein, Kindern durch differenzierte Arten der Leistungsbeurteilung Rückmeldungen über die Strecke zu geben, die sie auf diesem Bildungsweg schon zurückgelegt haben, über die Verstehensprozesse, die sie schon vollziehen konnten, und ein gemeinsames Nachdenken mit dem Blick auf Potentiale und Kompetenzen zu wagen, eine gemeinsame Befriedigung über das Glück des Könnens und des Wissenserwerbs.

Und vielleicht wird am Ende aller Fragen, warum wir als Menschen uns diesen komplexen Gedanken stellen, das alles machen, uns dieses ewige Weiterlernen und Weitersuchen antun, kein Übungsdrill und keine einfache Antwort stehen, aber möglicherweise der tröstliche, natürlich adressatengemäß formulierte Hinweis auf Lichtenbergs alte Erkenntnis, dass der Mensch nun einmal ein rastloses Ursachentier sei.

Ob und wie sich der beschriebene Status nach dem Erscheinen dieses Buches geändert haben wird, sei dem Urteil der Leserinnen und Leser sowie der Wissenschaft überlassen.

Literaturangaben

Arnold, R. (2012): Ich lerne, also bin ich: Eine systemisch-konstruktivistische Didaktik (2. Aufl.). Heidelberg: Carl-Auer.

Avenarius, H. (Hrsg.) (2003): Die rechtlichen Regelungen der Länder in der Bundesrepublik Deutschland zur erweiterten Selbstständigkeit der Schule. Eine Bestandsaufnahme. Berlin: Bildung in neuer Verfassung Band 1.

Bayerisches Staatsministerium für Arbeit und Sozialordnung, Familie und Frauen; Staatsinstitut für Frühpädagogik München (2012): Der Bayerische Bildungs- und Erziehungsplan für Kinder in Tageseinrichtungen bis zur Einschulung (5. Aufl.). Berlin: Cornelsen (zit. als: Bildungsplan 2012).

Baumert, J., Bos, W. & Lehmann, R. (Hrsg.) (2000): TIMSS/III. Dritte Internationale Mathematik- und Naturwissenschaftsstudie – Mathematische und naturwissenschaftliche Bildung am Ende der Schullaufbahn: Vol. 1. Mathematische und naturwissenschaftliche Grundbildung am Ende der Pflichtschulzeit. Opladen: Leske + Budrich.

Baumert, J., Neumann, M., Dumont, H., Becker, M., Bachsleitner, A., Maaz, K., & Köller, O. (2019). Platzierungsentscheidungen beim Übergang in die gymnasiale Oberstufe: Folgen der Umstellung auf Zweigliedrigkeit des Sekundarschulsystems in Berlin. Zeitschrift für Erziehungswissenschaft, 22(3), 721–763.

Bernfeld, S. (2000): Sisyphos oder die Grenzen der Erziehung (8. Aufl.). Frankfurt am Main: Suhrkamp.

Böhm, W. (1997): Entwürfe zu einer Pädagogik der Person: Gesammelte Aufsätze. Hrsg. und eingeleitet von Andreas Lischewski. Bad Heilbrunn: Klinkhardt.

Bos, W., Arnold, K. H., Hornberg, S., Faust, G., Fried, L., Lankes, E.-M., Schwippert, K., Tarelli, I. & Valtin, R. (Hrsg.) (2010): IGLU 2006 – die Grundschule auf dem Prüfstand. Münster: Waxmann-Verlag.

Bourdieu, P. (2018): Die feinen Unterschiede. Kritik der gesellschaftlichen Urteilskraft (26. Aufl.). Frankfurt am Main: Suhrkamp.

Bremerich-Vos, A., Böhme, K. (2009): Lesekompetenzdiagnostik – die Entwicklung eines Kompetenzstufenmodells für den Bereich Lesen. In: Granzer, D., Köller, O., Bremerich-Vos, A. u. a. (Hrsg.): Bildungsstandards Deutsch und Mathematik (S. 219–249). Weinheim, Basel: Beltz.

Bremerich-Vos, A., Granzer, D., Behrens, U. & Köller, O. (Hrsg.) (2017): Bildungsstandards für die Grundschule: Deutsch konkret: Aufgabenbeispiele, Unterrichtsanregungen, Fortbildungsideen. Berlin: Cornelsen.

Bruder, R. (2008): Langfristiger Kompetenzaufbau. In: Blum, W. u. a. (Hrsg.): Bildungsstandards Mathematik: konkret. Sekundarstufe I (4. Aufl.) (S. 135–151). Berlin: Cornelsen Scriptor.

Clark, C. (2014): Die Schlafwandler: Wie Europa in den Ersten Weltkrieg zog. Aus dem Englischen von Norbert Juraschitz (14. Aufl.). München: Deutsche Verlags-Anstalt.

Cloer, E., Klika, D. & Kunert, H. (Hrsg.) (2000): Welche Lehrer braucht das Land? Notwendige und möglich Reformen der Lehrerbildung. Weinheim und München: Juventa.

Combe, A. & Helsper, W. (Hrsg.) (1996): Pädagogische Professionalität. Untersuchungen zum Typus pädagogischen Handelns. Frankfurt am Main: Suhrkamp.

Deci, E. L. & Ryan R. M. (2008): Self-Determination Theory: A Macrotheory of Human Motivation, Development, and Health. In: Canadian Psychology 49, 182–185.

Deckert-Peaceman, H. & Seifert, A. (Hrsg.) (2013): Die Grundschule als Ort grundlegender Bildung. Beiträge zu einer Neuverortung der Grundschulpädagogik. Bad Heilbrunn: Klinkhardt.

DESI-Konsortium (Hrsg.) (2008): Unterricht und Kompetenzerwerb in Deutsch und Englisch. Ergebnisse der DESI-Studie. Weinheim u. a.: Beltz.

Deutsches PISA-Konsortium (Hrsg.) (2001): PISA 2000. Basiskompetenzen von Schülerinnen und Schülern im internationalen Vergleich. Opladen: Leske & Budrich (zit. als: PISA 2001).

Dolch, J. (1982): Lehrplan des Abendlandes – Zweieinhalb Jahrtausende seiner Geschichte. (Unveränderter Nachdruck der 3. Aufl. Ratingen 1971). Darmstadt: Wissenschaftliche Buchgesellschaft.

Drews, U., Schneider, G. & Wallrabenstein, W. (2000): Einführung in die Grundschulpädagogik. Weinheim, Basel: Beltz.

Duncker, L. (2007): Die Grundschule. Schultheoretische Zugänge und didaktische Horizonte. Weinheim und München: Juventa.

Duncker, L. (2014): Pädagogische Anthropologie des Kindes. In: Einsiedler, W., Götz, M., Hartinger, A., Heinzel, F., Kahlert, J. & Sandfuchs U. (Hrsg.): Handbuch Grundschulpädagogik und Grundschuldidaktik (4., ergänzte und aktualisierte Aufl.) (S. 163–168). Bad Heilbrunn: Klinkhardt.

Duncker, L. & Nießeler, A. (Hrsg.) (2005): Philosophieren im Sachunterricht. Imagination und Denken im Grundschulalter. Münster: LIT.

Duncker, L. & Popp, W. (Hrsg.) (2004): Kind und Sache. Zur pädagogischen Grundlegung des Sachunterrichts (4. Aufl.). Weinheim und München: Juventa.

Einsiedler, W. (2008): Von der programmatischen Grundschulpädagogik zur empirischen Grundschulforschung. In: Hellmich, F. (Hrsg.): Lehr-Lernforschung und Grundschulpädagogik (S. 15–46). Bad Heilbrunn: Klinkhardt.

Einsiedler, W. (Hrsg.) (2011): Unterrichtsentwicklung und didaktische Entwicklungsforschung. Bad Heilbrunn: Klinkhardt.

Einsiedler, W. (2014): Grundlegende Bildung. In: Einsiedler, W., Götz, M., Hartinger, A., Heinzel, F., Kahlert, J. & Sandfuchs U.: Handbuch Grundschulpädagogik und Grundschuldidaktik (4., ergänzte und aktualisierte Aufl.) (S. 225–233). Bad Heilbrunn: Klinkhardt.

Einsiedler, W. (2015): Geschichte der Grundschulpädagogik. Entwicklungen in Westdeutschland und der DDR. Bad Heilbrunn: Klinkhardt.

Feyerabend, P. (1976): Wider den Methodenzwang. Skizze einer anarchistischen Erkenntnistheorie. Frankfurt am Main: Suhrkamp.

Fischer, H.-J. (2013): Welterkundung und Weltverstehen in Kindergarten und Grundschule. In: Deckert-Peaceman, H. & Seifert, A.: Die Grundschule als Ort grundlegender Bildung? (S. 155–168). Bad Heilbrunn: Klinkhardt.

Flitner, A. (2010): Reform der Erziehung. Impulse des 20. Jahrhunderts (4. Aufl.). Weinheim und Basel: Beltz.

Flitner, W. (1966): Die vier Quellen des Volksschulgedankens. Stuttgart: Klett.

v. Foerster, H. (1992): Einführung in den Konstruktivismus: Beiträge von Heinz von Foerster, Ernst von Glasersfeld, Peter M. Hejl, Siegfried J. Schmidt, Paul Watzlawick (10. Aufl.). München: Piper.

Foucault, M. (1987): Dispositive der Macht. Über Sexualität, Wissen und Wahrheit. Berlin: Merve.

Giel, K., Hiller, G., Krämer, H. u. a. (Hrsg.) (1974): Stücke zu einem mehrperspektivischen Unterricht. Stuttgart: Klett.

Giesecke, H. (1996): Das Ende der Erziehung. Neue Chancen für Familie und Schule. Stuttgart: Klett-Cotta.

Giesecke, H. (Hrsg.) (1999): Wozu ist die Schule da? Die neue Rolle von Eltern und Lehrern (4. Aufl.). Stuttgart: Klett-Cotta.

v. Glasersfeld, E. (1996): Radikaler Konstruktivismus. Ideen, Ergebnisse, Probleme. Frankfurt am Main: Suhrkamp.

v. Glasersfeld, E. (2013): Wege des Wissens: Konstruktivistische Erkundungen durch unser Denken (2., korrigierte Aufl.). Heidelberg: Carl-Auer-Systeme Verlag.

v. Goethe, J. W., Trunz, E. (1994): Goethes Werke: Schriften zur Kunst, Schriften zur Literatur, Maximen und Reflexionen. Textkritisch durchges. von Erich Trunz und Hans Joachim Schrimpf. Kommentiert von Herbert von Einem und Hans Joachim Schrimpf. Bd. 12. München: Beck.

Gogolin, I. (2004): Zum Problem der Entwicklung von »Literalität« durch die Schule. Eine Skizze interkultureller Bildungsforschung im Anschluss an PISA. In: Zeitschrift für Erziehungswissenschaft (S. 101–111). Wiesbaden: Verlag für Sozialwissenschaften.

Gogolin, I. & Lange, I. (2011): Bildungssprache und durchgängige Sprachbildung. In: Fürstenau, S. & Gomolla, M. (Hrsg.): Migration und schulischer Wandel: Mehrsprachigkeit (S. 107–128). Wiesbaden: Verlag für Sozialwissenschaften.

Gondosch, D., Helmle, M. & Paul, G. (1980): Lehrbuch Philosophie. Teil 1. Frankfurt am Main: Diesterweg.

Götz, M. (1997): Die Grundschule in der Zeit des Nationalsozialismus. Eine Untersuchung der inneren Ausgestaltung der vier unteren Jahrgänge der Volksschule auf der Grundlage amtlicher Maßnahmen. Bad Heilbrunn: Klinkhardt.

Götz, M. (2019): 100 Jahre Grundschule – eine Erfolgsgeschichte? In: Grundschule aktuell, 146, 7–11.

Götz, M. & Jung, J. (Hrsg.) (2008): Anspruchsvolles Lernen in der Grundschule. Band I der Reihe Grundschulpädagogik interdisziplinär. Münster: LIT.

Hanke, P. (2005): Öffnung des Unterrichts in der Grundschule. Lehr-Lernkulturen und orthographische Lernprozesse im Grundschulbereich. Münster: Waxmann.

Hattie, John (2009): Visible Learning: a synthesis of over 800 meta-analyses relating to achievement. London u. a.: Routledge.

Heinzel, F. (Hrsg.) (2011). Generationenvermittlung in der Grundschule. Ende der Kindgemäßheit? Bad Heilbrunn: Klinkhardt.

Hellmich, F. & Kiper, H. (2006): Einführung in die Grundschuldidaktik. Weinheim und Basel: Beltz.

Helmke, A. (2009): Mit Bildungsstandards und Kompetenzen unterrichten – Unterrichtsqualität und Lehrerprofessionalität. In: Udo Klinger (Hrsg.): Mit Kompetenz Unterricht entwickeln. Fortbildungskonzepte und -materialien (S. 35–55). Troisdorf: Bildungsverlag EINS.

Helmke, A. (2015): Unterrichtsqualität und Lehrerprofessionalität, Diagnose, Evaluation und Verbesserung des Unterrichts (6. Aufl.). Seelze-Velber: Klett Kallmeyer.

v. Hentig, H. (1993): Die Schule neu denken. Eine Übung in praktischer Vernunft. München, Wien: Hanser.

v. Hentig, H. (1996): Bildung. Ein Essay. München, Wien: Hanser.

Heran-Dörr, E., Rachel, A., Waltner, Ch. & Wiesner, H. (2011): Modellvorstellung zum Magnetismus – in der Grundschule oder erst später? In: Kucharz, D., Reinhoffer, B. & Irion, Th. (Hrsg.): Grundlegende Bildung ohne Brüche (S. 175–178). Wiesbaden: VS Verlag für Sozialwissenschaften | Springer Fachmedien.

Herrlitz, H.-G., Hopf, W. & Titze, H. (2009): Deutsche Schulgeschichte von 1800 bis zur Gegenwart. Eine Einführung (5., aktualisierte Aufl.). München: Juventa.

Hessischer Bildungs- und Erziehungsplan. Bildung von Anfang an (7. Aufl.). Wiesbaden 2015 (zit. als: HBuEP 2015).

Hiller, G. & Popp, W. (2004): Unterricht als produktive Irritation – oder: Zur Aktualität des Mehrperspektivischen Unterrichts. In: Duncker, L. (Hrsg.): Kind und Sache: Zur pädagogischen Grundlegung des Sachunterrichts (4. Aufl.) (S. 93–116). Weinheim und München: Juventa.

Huf, C. (2006): Didaktische Arrangements aus der Perspektive von SchulanfängerInnen. Eine ethnographische Feldstudie über Alltagspraktiken, Deutungsmuster und Handlungsperspektiven von SchülerInnen der Eingangsstufe der Bielefelder Laborschule. Bad Heilbrunn: Klinkhardt.

v. Humboldt, W. (1903): Gesammelte Schriften. Akademieausgabe. Bd. I. Berlin: B. Behrs Verlag.

Institut zur Qualitätsentwicklung im Bildungswesen (Hrsg.) (2020): Kompetenzstufenmodell zu den Bildungsstandards im Fach Mathematik für den Mittleren Schulabschluss, S. 25. Online verfügbar unter: http://www.iqb.hu-berlin.de/bista/dateien/Mathe_MSA.pdf, Zugriff am 12.3.2020.

Institut zur Qualitätsentwicklung im Bildungswesen (Hrsg.) (2010): Konzeption der Kultusministerkonferenz zur Nutzung der Bildungsstandards für die Unterrichtsentwicklung. Online verfügbar unter: https://www.kmk.org/fileadmin/Dateien/veroeffentlichungen_beschluesse/2010/2010_00_00-Konzeption-Bildungsstandards.pdf, Zugriff am 18.3.2020.

Jung, J. (2001): Kunstunterrichtliche Reformbestrebungen in der Schulwirklichkeit. Ein Beitrag zur Geschichte der Volksschule in Hamburg und Bayern. Bad Heilbrunn: Klinkhardt.

Jung, J. (2011): Der Heimatkundeunterricht in der DDR. Die Entwicklung des Faches in den unteren vier Jahrgangsstufen der Polytechnischen Oberschule zwischen 1945 und 1989. Bad Heilbrunn: Klinkhardt.

Jung, J. (2013): Schülerleistungen erkennen, messen, bewerten. Stuttgart: Kohlhammer.

Jung, J. (2014): Reform- und Alternativschulen. In: Einsiedler, W., Götz, M., Hartinger, A., Heinzel, F., Kahlert, J. & Sandfuchs, U.: Handbuch Grundschulpädagogik und Grundschuldidaktik (4., ergänzte und aktualisierte Aufl.) (S. 74–78). Bad Heilbrunn: Klinkhardt.

Jung, J., König, B., Krenig, K., Stöcker, K., Stürmer, V. & Vogt, M. (Hrsg.) (2011): Die zweigeteilte Geschichte der Grundschule 1945 bis 1989. Ausgewählte und kommentierte Quellentexte zur Entwicklung in Ost- und Westdeutschland. Berlin: LIT.

Kahlert, J. (2014): Zwischen didaktischer Vernunft und inhaltlicher Beliebigkeit – Vielperspektivität im Sachunterricht. Zeitschrift für Grundschulforschung, 7(2), 9–21.

Keck, R. & Ritzi, C. (Hrsg.) (2000): Geschichte und Gegenwart des Lehrplans. Baltmannsweiler: Schneider-Verlag Hohengehren.

Kiper, H. (2013): Theorie der Schule. Institutionelle Grundlagen pädagogischen Handelns. Stuttgart: Kohlhammer.

Klieme, E., Avenarius, H., Blum, W., Döbrich, P., Gruber, H., Prenzel, M., Reiss, K., Riquarts, K., Rost, J., Tenorth, H.-E. & Vollmer, H. J. (2003): Zur Entwicklung nationaler Bildungsstandards. Eine Expertise. BMBF, Berlin.

Knauf, T. (2009): Einführung in die Grundschuldidaktik: Lernen, Entwicklungsförderung und Erfahrungswelten in der Primarstufe (2. Aufl.). Stuttgart: Kohlhammer.

Kößler, H. (1997): Selbstbefangenheit - Identität - Bildung. Beiträge zur praktischen Anthropologie. Weinheim: Deutscher Studien-Verlag.

Krüger, H.-H. & Helsper, W. (2002): Einführung in Grundbegriffe und Grundfragen der Erziehungswissenschaft. Opladen: Leske + Budrich.

Kucharz, D., Reinhoffer, B. & Irion, Th. (Hrsg.) (2011): Grundlegende Bildung ohne Brüche. Wiesbaden: VS Verlag für Sozialwissenschaften | Springer Fachmedien.

Kuhn, T. (1967): Die Struktur wissenschaftlicher Revolutionen. Frankfurt am Main: Suhrkamp.

Lederer, B. (2015): Kompetenz oder Bildung: Eine Analyse jüngerer Konnotationsverschiebungen des Bildungsbegriffs und Plädoyer für eine Rück- und Neubesinnung auf ein transinstrumentelles Bildungsverständnis. Hamburg: Tredition.

Lersch, R. (2007): Unterricht und Kompetenzerwerb. In 30 Schritten von der Theorie zur Praxis kompetenzfördernden Unterrichts. In: Die Deutsche Schule, 99(4), 434–446.

Lichtenstein-Rother, I. & Röbe, E. (2005): Grundschule. Der pädagogische Raum für Grundlegung der Bildung. Weinheim: Beltz.

Liebers, K. (2014): Lehrpläne für die Grundschule. In: Einsiedler, W., Götz, M., Hartinger, A., Heinzel, F., Kahlert, J. & Sandfuchs U. (Hrsg.): Handbuch Grundschulpädagogik und Grundschuldidaktik (4., ergänzte und aktualisierte Aufl.) (S. 339–344). Bad Heilbrunn: Klinkhardt.

Liebers, K., Landwehr, B., Riegler, S., Schmidt, R. & Reinhold, S. (Hrsg.) (2016): Facetten grundschulpädagogischer und -didaktischer Forschung. Jahrbuch Grundschulforschung. Wiesbaden: Verlag für Sozialwissenschaften | Springer.

Lohrmann, K. (2014): Kontextualisierung und Dekontextualisierung. In: Einsiedler, W., Götz, M., Hartinger, A., Heinzel, F., Kahlert, J. & Sandfuchs, U. (Hrsg.):

Handbuch Grundschulpädagogik und Grundschuldidaktik (4., ergänzte und aktualisierte Aufl.) (S. 414–419). Bad Heilbrunn: Klinkhardt.

Lyotard, Jean-Francois (2012): Das postmoderne Wissen. Hrsg. von Peter Engelmann (7., unveränderte Aufl.). Frz. Originalausgabe von 1979: La condition postmoderne. Wien: Passagen Verlag.

Mohr, G. & Willaschek, M. (Hrsg.) (1998): Immanuel Kant. Kritik der reinen Vernunft. Berlin: Akademie (zit. als: Kant 1998).

Möller, K. (2012): Konstruktion vs. Instruktion oder Konstruktion durch Instruktion? Konstruktionsfördernde Unterstützungsmaßnahmen im Sachunterricht. In: Giest, H., Heran-Dörr, E. & Archie, C. (Hrsg.): Lernen und Lehren im Sachunterricht. Zum Verhältnis von Konstruktion und Instruktion (S. 37–50). Bad Heilbrunn: Klinkhardt.

Müller, F. H., Andreitz, I. & Hanfstingl, B. (2008): Die Bedeutung der Selbstbestimmung von Lehrpersonen für Unterricht und Lernen. Empirische Befunde aus dem Interventionsprojekt IMST. Wissenschaftliche Beiträge aus dem Institut für Unterrichts- und Schulentwicklung, Nr. 3. Klagenfurt: Alpen-Adria-Universität.

Neuhaus-Siemon, E. (1996): Reformpädagogik und offener Unterricht: Reformpädagogische Modelle als Vorbilder für die heutige Grundschule? In: Grundschule 28(6), 19–24.

Neuhaus-Siemon, E. (2014): Grundfragen der Lehrplantheorie und der Lehrplanforschung. In: Einsiedler, W., Götz, M., Hartinger, A., Heinzel, F., Kahlert, J. & Sandfuchs U.: Handbuch Grundschulpädagogik und Grundschuldidaktik (4., ergänzte und aktualisierte Aufl.) (S. 331–339). Bad Heilbrunn: Klinkhardt.

Neuhaus-Siemon, E. & Götz, M. (1998): Die Bedeutung der historischen Grundschulforschung für die Grundschulpädagogik. In: Grundschule 30, 7/8, 62–65.

Nießeler, A. (2003): Formen symbolischer Weltaneignung. Zur pädagogischen Bedeutung von Ernst Cassirers Kulturphilosophie. Würzburg: Ergon-Verlag.

Nietzsche, F. (1872): Die Geburt der Tragödie aus dem Geiste der Musik. Leipzig: Fritzsch.

Oelkers, J. (2009): Einige Gelingensbedingungen für kompetenzorientierten Unterricht. Vortrag auf der 10. Fachtagung Empiriegestützte Schulentwicklung (EMSE) am 19. Juni 2009 in Dresden.

Oelkers, J. & Reusser, K. (2008): Expertise: Qualität entwickeln – Standards sichern – mit Differenz umgehen. In: Bildungsforschung Vol. 27, Bildung – Ideen zünden!

Parsons, T. (1979): The Social System. New York: The Free Press.

Pöggeler, F. (1993): Macht und Ohnmacht der Pädagogik. 1945 bis 1993: Im Spannungsfeld zwischen Erziehung, Politik und Gesellschaft. Ein Erfahrungsbericht. München: Olzog.

Prange, K. (1995): Die Zeit der Schule. Bad Heilbrunn: Klinkhardt.

Prange, K. (2000): Was für Lehrer braucht die Schule? Zum Verhältnis von Profession, Didaktik und Lehrerethos. In: Cloer, E., Dorle, K. & Hubertus, K. (Hrsg.): Welche Lehrer braucht das Land? Notwendige und mögliche Reformen der Lehrerbildung (S. 93–103). Weinheim und München: Juventa.

Raufuß, D. (2008): Einführung in die Theorie des Unterrichts in konstruktiver Sicht. Würzburg: Ergon-Verlag.

Reble, A. (1993): Geschichte der Pädagogik, Dokumentationsband (3. Aufl.). Stuttgart: Klett-Cotta.

Rehle, C. & Thoma, P. (2017): Einführung in grundschulpädagogisches Denken (4. Aufl.). Augsburg: Auer.

Reich, K. (2010): Systemisch-konstruktivistische Pädagogik: Einführung in die Grundlagen einer interaktionistisch-konstruktivistischen Pädagogik (6., neu ausgestattete Aufl.). Weinheim: Beltz.

Reich, K. (2012): Konstruktivistische Didaktik: Das Lehr- und Studienbuch mit Online-Methodenpool (5. Aufl.). Weinheim und Basel: Beltz.

Reinmann-Rothmeier, G. & Mandl, H. (2001). Unterrichten und Lernumgebungen gestalten. In: Krapp, A. & Weidenmann, B. (Hrsg.): Pädagogische Psychologie (S. 613–658). Weinheim: Beltz.

Reiss, K., Weis, M., Klieme, E. & Köller, O. (Hrsg.) (2019): PISA 2018. Grundbildung im internationalen Vergleich. Münster, New York: Waxmann (zit. als: PISA 2018).

Rosa, H. (2019): Resonanz. Eine Soziologie der Weltbeziehung. Frankfurt am Main: Suhrkamp.

Rousseau, J.-J. (1997, orig. 1762): Emile oder von der Erziehung. In der deutschen Erstübertragung von Siegfried Schmitz. Düsseldorf: Artemis und Winkler.

Scheibe, W. (1999): Die reformpädagogische Bewegung – Eine einführende Darstellung (3. Aufl.). Weinheim: Beltz.

Schorch, G. (2007): Studienbuch Grundschulpädagogik. Die Grundschule als Bildungsinstitution und pädagogisches Handlungsfeld (3., überarbeitete und erweiterte Aufl.). Bad Heilbrunn: Klinkhardt.

Schröder, H. (1996): Studienbuch allgemeine Didaktik: Grund- und Aufbauwissen zu Lernen und Lehren im Unterricht. Reihe Wissenschaft und Schule, Bd. 8 (2., überarbeitete Aufl.). München: Arndt.

Schuhmacher, E. & Denner, L. (2017): Grundschulpädagogik verstehen – Grundschule gestalten. Mit online-Materialien. Weinheim, Basel: Beltz.

Seifert, A. & Wiedenhorn, Th. (2018): Grundschulpädagogik. Stuttgart: UTB.

Sekretariat der Ständigen Konferenz der Kultusminister der Länder in der Bundesrepublik Deutschland (Hrsg.) (2006): Gesamtstrategie der Kultusministerkonferenz zum Bildungsmonitoring (auf Beschluss der Kultusministerkonferenz vom 2.6.2006), Bonn.

Speck, J. (Hrsg.) (1991): Grundprobleme der großen Philosophen. In: Philosophie der Gegenwart. Teil 2: Max Scheler, Richard Hönigswald, Ernst Cassirer, Helmuth Plessner, Maurice Merleau-Ponty, Arnold Gehlen. Göttingen: Vandenhoeck & Ruprecht.

Struck, P. (2006): Elternhandbuch Schule. Darmstadt: Primus.

Stürmer, V. (2014): Kindheitskonzepte in den Fibeln der SBZ/DDR: 1945–1990. Bad Heilbrunn: Klinkhardt.

Tews, J. (1920): Die deutsche Einheitsschule. Freie Bahn jedem Tüchtigen (5. Aufl.). Leipzig: Klinkhardt.

Thüringer Ministerium für Bildung, Wissenschaft und Kultur (Hrsg.) (2010): Thüringer Bildungsplan für Kinder bis 10 Jahre. Weimar – Berlin (zit. als: TBiPlan 2010).

Thüringer Ministerium für Bildung, Wissenschaft und Kultur (Hrsg.) (2015): Thüringer Bildungsplan bis 18 Jahre. Weimar – Berlin (zit. als: TBiPlan 2015).

Topsch, W. (2004): Einführung in die Grundschulpädagogik. Berlin: Cornelsen Scriptor.

Ulfig, A. (1997): Lexikon der philosophischen Begriffe. Wiesbaden: Fourier.

Valtin, R. (2012). Was ist das Schlimmste an Schule? Erziehungskunst 4, 58–59.

Wagenschein, M. (2010): Kinder auf dem Wege zur Physik. Weinheim, Basel: Beltz.

Weber, E. (1999): Pädagogik. Eine Einführung (8., vollständig neubearbeitete und stark erweiterte Aufl.). Donauwörth: Auer.

Weinert, F. E. (2003): Leistungsmessungen in Schulen. Weinheim, Basel: Beltz

Wellenreuther, M. (2004): Lehre und Lernen – aber wie? Empirisch-experimentelle Forschungen zum Lehren und Lernen im Unterricht. Hohengehren: Schneider Verlag.

Werner, H. & Tippelt, W. (Hrsg.) (2011): Pädagogische Professionalität – Untersuchungen zum Typus pädagogischen Handelns. Frankfurt, Weinheim u. a.: Beltz.

Westphalen, K. (1985): Lehrplan – Richtlinien – Curriculum. Stuttgart: Klett.

Winterhager-Schmid, L. (2013): Kindheit lässt sich nicht unbegrenzt modernisieren. Ein Plädoyer zur Entschleunigung der Kindheit. In: Deckert-Peaceman, H. & Seifert, A.: Die Grundschule als Ort grundlegender Bildung? Beiträge zu einer Neuverortung der Grundschulpädagogik (S. 120–131). Bad Heilbrunn: Klinkhardt.

Wittenbruch, W. (2008): Bildung – ein pädagogischer Leitbegriff für Theorie und Praxis der Grundschule. In: Jürgens, E. & Standop, J. (Hrsg.): Taschenbuch Grundschule. Band 3: Grundlegung von Bildung (S. 1–12). Baltmannsweiler: Schneider Verlag.

Wulf, Ch. (2001): Anthropologie der Erziehung. Weinheim und Basel: Beltz Verlag.